Ritterwanze

Deutsche Bibliothek – CIP Einheitsaufnahme

Ein Titeldatensatz ist bei der Deutschen Bibliothek erhältlich.

Ulrich Kattmann
Elfen, Gaukler & Ritter
Insekten zum Kennenlernen

Kallmeyersche Verlagsbuchhandlung 2001

Impressum
1. Auflage 2001
© Kallmeyersche Verlagsbuchhandlung GmbH
D-30926 Seelze-Velber
Alle Rechte vorbehalten
Quellenangaben: s. Seite 143
Titelfoto: Ulrich Kattmann
Realisation: Friedrich Medien-Gestaltung
Druck: Hahn-Druckerei, Hannover

Ulrich Kattmann

Elfen, Gaukler & Ritter

Insekten
zum
Kennenlernen

Kallmeyersche Verlagsbuchhandlung

Sichelschlupfwespe

Postillon

Vorwort

Elfen, Gaukler und Ritter – ein Märchenbuch? Ein Kinderbuch?
Ein Kennenlernbuch für Menschen, die kleine Tiere mögen. Ein Buch über Insekten, aber ein besonderes. Ein Buch, das mit Fotos und Tipps zur Beobachtung in der Natur anregen soll: ein Hinausgeh- und Beobachtungsbuch.

Leider haben viele Menschen keine gute Meinung von unseren krabbelnden, hüpfenden und summenden Mitgeschöpfen. Manche reagieren auf sie geradezu mit einem «Totschlagreflex», nach dem nur ein totes Insekt ein gutes Insekt ist. Dieses Buch ist ein Plädoyer für einen menschlichen Umgang mit Insekten. Anschauen und Beobachten und Bewundern sollte die Regel, Zuschlagen eine seltene Ausnahme sein.
Das Tierbild der meisten Menschen ist auf Wirbeltiere zentriert, zu denen sie ja auch selbst gehören. Insekten sind keine «niederen», sondern nur kleine Tiere. Sie leben nicht schlechter, sondern nur anders als etwa Vögel und Säugetiere. Im Vergleich zu Wirbeltieren können die Leistungen, die Evolution und die ökologische Rolle der Insekten erst recht deutlich werden, denn sie übertreffen unsere Verwandten in vieler Hinsicht. Wenn viele Naturfreunde die Beobachtung von Vögeln zu ihrem Hobby gemacht haben, so spricht nichts dagegen, dass eine noch größere Anzahl die Beobachtung von Insekten zu ihrer Liebhaberei erklärt.

Die Vielfalt der Insekten scheint allerdings unübersehbar und häufig verwirrend. Allein in Deutschland gibt es annähernd 30 000 Insektenarten. Allein die Anzahl der etwa 300 Wildbienenarten übersteigt die der 238 einheimischen Vogelarten. Während ein Feldführer für Vögel in der Regel alle, also auch die seltenen Arten enthält, erfassen selbst umfangreiche Bestimmungsbücher für einheimische Insekten nur etwa vier Hundertstel der in Deutschland vorkommenden Arten.
Dieses Buch ist nicht darauf angelegt, möglichst viele Arten zu präsentieren, es soll helfen, wichtige und häufige Formen zu unterscheiden und sich so mit der Insektenwelt vertraut zu machen. «Elfen», «Gaukler» und «Ritter» sind anschauliche Namen für große Insektengruppen, die kinderleicht zu erkennen und zu unterscheiden sind und so zum ersten Kennenlernen der Vielfalt hinführen. Die Informationen des Buches verknüpfen Namen und Formen mit Wissen über Eigenschaften und Verhaltensweisen und machen so mit dem Insektenleben bekannt.
Die meisten Fotografien des Buches sind vom Autor auf Spaziergängen während der Freizeit oder Wanderungen im Urlaub gemacht worden. Es sind daher keine künstlich ausgeleuchteten Studioaufnahmen, sondern «Schnappschüsse», wirkliche Naturbilder. Die abgebildeten Arten sind vor allem solche, die als so genannte «Allerwelts-Insekten» häufig zu finden sind und die man daher leicht selbst in der Natur wiederentdecken kann.
Die Fotografien können dabei hilfreich sein, die Tiere nicht nur zu erkennen und zu benennen, sondern auch Merkmale zu beachten, die sonst vielleicht übersehen worden wären. Zudem sind die Auswahl der Abbildungen und die Übersichten so gestaltet, dass die wichtigsten Formengruppen und häufige Arten der Insekten sicher erkannt werden können.

Das Buch wäre nicht zustande gekommen, hätte nicht der Kallmeyer Verlag das Vorhaben von Beginn an gefördert. Mein besonderer Dank gilt den beiden Redakteurinnen der Zeitschrift «Unterricht Biologie» (Friedrich Verlag), Barbara Dulitz und Anne Meyhöfer, die mich mit Rat und Tat unterstützt haben. Ich danke besonders auch Volker Haeseler, Bettina Kurz, Ferdinand Rüther und Erich Schulze, dass sie mir für das Buch einige Fotos von Insekten zur Verfügung gestellt haben, die unbedingt vertreten sein sollten, von denen mir aber bis heute kein gutes Bild gelungen ist.

Oldenburg, 1.2.2001
Ulrich Kattmann

Inhalt

Aus der Naturgeschichte

Planet der Insekten	9
Pioniere der Evolution	10
Schrittmacher der Evolution	14
Beinverwandtschaften	18
Wer zählt die Arten, nennt die Namen?	20

Lebensräume und Vielfalt

Lebend Beobachten	22
Elfen, Gaukler und Ritter	24
Doldenblüten – offene Tankstellen	28
Emsige Immen	
Das sammelnde Haustier	30
Wilde Verwandte der Honigbiene	32
A Bee or not a Bee?	36
Nicht nur schwarz-gelb: Wespen	
Sandwespe – Raupenfang nach Plan?	38
Wespen mit und ohne Taille	40
Fliegen – und solche, die nur so heißen	45
Am und im Gewässer	48
Drachenflieger: Libellen	52
Fliegende Blüten: Schmetterlinge	
Sommervögel	56
Small Beauties	60
Rote, braune, grüne… Bläulinge	61
Schöner Schmetterling – hässliche Raupe?	64
Lebensraum Apfelbaum	66
Disteln – reiche Nahrungsquellen	68
Lebensraum Baumstümpfe	70
Brennnesselbestände – Wohnung und Jagdrevier	72
Käfer oder Wanze?	
«… sitzt 'ne kleine Wanze»	76
Kauen und Stechen	79
Larven: allmähliche und plötzliche Verwandlung	80
Gehörnte Ritter – kugelige Knappen	84

Am Boden: Wegelagerer & Läufer	88
Wiesenspringer: Heuschrecken und Zikaden	
Musikanten mit langen und kurzen Fühlern	92
Kuckucksspucke	96

Lebensweise und Umwelt

Zusammenleben	
Netzwerke und Beziehungskisten	98
Die Eintagsfliege von Manfred Kyber	99
Fressen und gefressen werden	100
Konkurrenz um Aas und Dung	104
Die Sorge um den Nachwuchs	106
Kinder- und Geschwisterliebe	107
Partner fürs Leben	108
Von Menschen und Mücken	110
Im Wechsel der Jahreszeiten	
Das Frühlings- und das Sommerkleid des Landkärtchens	112
Gut über den Winter kommen	114
Die Stockheizung der Honigbiene	115
Wechselnde Mehrheiten: Rot und Schwarz beim Zweipunkt	116
Warmblütler	118
Tarnen oder Warnen?	
Verbergen und Auffallen	120
«Schau mir in die Augen, Kleines»	122
Täuschen mit Formen und Farben	124
Evolution aktuell	
Eine lausige Geschichte	126
Unterwegs zu einer neuen Art: Apfelfliegen	127
Die Umwandlung des Birkenspanners	128

Im Visier des Menschen

Verteidigung des Federgeistchens von Jürgen Dahl	131
Feinde und Freunde	132
Abscheu und Bewunderung	134
Insektenzoo	136
Ein Platz für wilde Kerfe	138
Namenslexikon	140
Quellenangaben	143
Stichwortverzeichnis	144

Aus der Naturgeschichte

Hohlzahn-Blattkäfer an Breitblättrigem
Hohlzahn. Die Käfer findet man fast
ausschließlich an zwei nah verwandten
Hohlzahnarten. Sie sind ein Beispiel für
die engen Beziehungen zwischen Pflanzen
und Insekten.

Planet der Insekten

Insekten werden als «heimliche Herrscher» des Planeten Erde bezeichnet: Ihre Vielfalt, Vielseitigkeit und Anzahl übersteigen die aller anderen Tiergruppen. Die Schönheit von bunten Schmetterlingen und Libellen wird bewundert, die Gefräßigkeit von Raupen und Käfern in Forst- und Landwirtschaft gefürchtet.

Insekten halten unter den Tieren alle Rekorde hinsichtlich Artenanzahl, Fressumsatz und Vermehrungsraten. Ihre Herrschaft beschränkt sich jedoch auf die Kontinente. Sie leben in fast allen Lebensräumen auf dem Land und im Süßwasser. Nur eine Landwanze, der Meeresläufer, hat es geschafft, die Oberfläche der Hochsee zu besiedeln.

Die Naturgeschichte der Insekten begann vermutlich vor etwa 400 Millionen Jahren im Untergrund. Damals besiedelten die ersten Gliedertiere das Land, indem sie im feuchten Boden die von Bakterien zersetzten Körper der ersten Landpflanzen als Nahrung nutzten. Noch heute gibt es große Gruppen von Insekten wie die so genannten Urinsekten, Holzwespen- und Käferlarven, die in Laubstreu, Bodenschichten und Totholz leben und dort als Moderfresser für das Recycling der organischen Substanz sorgen.

Die weitere Evolution der Insekten ist gekennzeichnet durch die Beziehungen zu den Landpflanzen: Viele Insekten bewohnen nur ausgewählte Pflanzenarten, von denen sich auch ihre Larven ernähren. Um welche Pflanzen es sich handelt, verrät z. B. bei Kartoffelkäfer, Apfelwickler und Zwiebelfliege schon der Name. Aus den Fressbeziehungen zwischen Pflanzen und Insekten entwickelte sich auch die erfolgreiche Symbiose zwischen bestäubenden Insekten und Blütenpflanzen.

Im Laufe ihrer Evolution haben die Insekten dann ihr Nahrungsspektrum ausgeweitet und – oft untereinander – zahlreiche Nahrungsketten aufgebaut. Insekten fressen Insekten: Libellen, räuberische Käfer und Wanzen, Raubfliegen, Grab- und Schlupfwespen erbeuten fast ausschließlich andere Insekten.

Heute gibt es kaum einen Naturstoff, den Insekten nicht als Nahrung nutzen: Einige Fliegen, Mücken und Wanzen sind Blutsauger. Viele Käfer und Fliegen fressen an Dung oder Aas. Die Raupen der Kleider- und der Wachsmotte können sogar Horn bzw. Bienenwachs verdauen.

Die zahlenmäßig erfolgreichste Gruppe der Insekten sind die Ameisen. Sie leben in

Artenvielfalt und Artenzahlen → S. 20

Blüten und Insekten → S. 15f.

Urinsekten → S. 19

Rote Waldameisen

fast allen Lebensräumen des Festlandes als fleischfressende Räuber wie auch als Allesfresser. Indem sie Leichen und kranke Tiere beseitigen, sorgen sie für schnelles Recycling der in der Beute enthaltenen Stoffe.

Ameisen sind zwar meist nur wenige Millimeter groß, wenn man jedoch alle Ameisen eines Lebensraums zusammenrechnet, so können sie bis zu einem Drittel der Masse aller Tiere ausmachen.

Insekten an Baumstümpfen → S. 70, an Dung und Aas → S. 104

Beobachtungen an Ameisen → S. 90

Pioniere der Evolution

Die Evolution der Landtiere wird meist als Geschichte der Wirbeltiere beschrieben. Doch längst bevor der erste Fisch das Land aufsuchte und zum Vorfahr der Lurche wurde, war das Land von Gliederfüßlern besiedelt. Als die ersten Lurche noch mühsam über den Erdboden krochen, liefen Insekten schon behende über Stock und Stein davon. Als Saurier das Laufen lernten, schwirrten bereits geflügelte Insekten durch die Luft.

Erdzeitalter
(Mill.
Jahre
vor   **Wirbel-**
heute) **Insekten   tiere**

Tertiär

Schmetter-
linge
— 65   Singvögel

Kreide

— 140
          Vögel

Jura

— 210
          Dino-
          saurier

Trias

— 245   Käfer

Perm

— 290
          Reptilien

Karbon

— 365   fliegende Amphi-
        Insekten   bien

Devon

— 410   ungeflügelte
        Insekten

Silur

Erstes Auftreten von
Insekten und Landwirbel-
tieren

Erste und echte Landtiere

In vielerlei Hinsicht sind Insekten perfektere Landtiere als die Wirbeltiere.

Ihre Atmung ist einzigartig an das Leben auf dem Land angepasst. Bei den Wirbeltieren reichen die Luftröhren nur bis in die Lungenbläschen. Von dort transportiert das Blut die Atemgase. Bei Insekten reichen die Luftröhren (Tracheen) direkt bis in die Organe. Selbst die Flügel werden über Tracheen versorgt, die in ihren Adern verlaufen. Tracheen sind durch Öffnungen im Hinterleib mit der Außenluft verbunden. Die Tracheenatmer sind die einzigen echten Luftatmer, während alle anderen Tiere den Sauerstoff aus dem wässrigen Milieu ihrer Körperflüssigkeit entnehmen. Zwar können die Insekten direkt den hohen Sauerstoffgehalt der Luft nutzen, der Transport der Atemgase erfolgt jedoch meist nur durch die Eigenbewegung der Moleküle (Diffusion). Da auf diese Weise nur kurze Strecken schnell genug überbrückt werden, begrenzt die Tracheenatmung die Körpergröße. Durch hohe Temperaturen wird die Diffusion beschleunigt. In den Tropen gibt es daher die größten Insekten.

Die schleimbedeckte Haut, die die Lurche von ihren Fischvorfahren erbten, bindet diese an feuchte Lebensräume. Die wasserlebenden Vorfahren der Insekten besaßen hingegen bereits ein Außenskelett, das als Hautpanzer vor Wasserverlust schützt. Insekten sind daher Trockenlufttiere. Ähnliches gilt unter den Wirbeltieren erst für die Reptilien, deren Schuppenpanzer sie vor Austrocknung schützt. Einen Verdunstungsschutz benötigen auch

Ausgestorbene fossile Insekten aus dem Karbon

an Land abgelegte Eier. Noch Reptilieneier sind auf eine feuchte Umgebung angewiesen. Erst die Vogeleier sind wie die der Insekten «echte Landeier». Ihre Schale schützt sie vor zu starker Verdunstung.

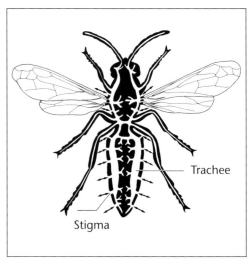

Tracheensystem eines Insekts

Die Beine der Schwanzlurche und Eidechsen sitzen seitlich am Körper, so dass sie ihn nicht tragen, sondern nur kriechend über den Boden schleifen können. Rumpf- und Schwanzmuskeln unterstützen die Fortbewegung.

Bei Insekten sitzen die drei Beinpaare dagegen unter dem Körper und heben diesen so vom Boden ab. Der Brustabschnitt bildet einen starren Kasten. Die Bewegungen des Kopfs und des Hinterleibs sind weitgehend von der Bewegung der Beine unabhängig.

Die gleiche Perfektion im Laufen wie die Insekten haben unter den Wirbeltieren erst die Dinosaurier, die von ihnen abstammenden Vögel und die Säugetiere entwickelt. Im südlichen Afrika lebende Sandlaufkäfer erreichen eine Geschwindigkeit von 1 m/s. Bezogen auf ihre Körpergröße laufen sie somit schneller als ein Gepard. Ausdauernde schnelle Fortbewegung erfordert die schnelle Zufuhr großer Energiebeträge. Nicht zufällig sind schnellfliegende Insekten während des Fluges gleichwarm.

Körpergrößen von Insekten

Erzwespen   0,2 mm

Titanus giganteus
(südam. Bockkäfer)
  Länge   160 mm
  Breite   60 mm

Stabheuschrecke
  Länge   330 mm

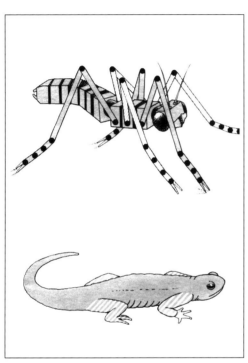

Fortbewegung von Insekt und Salamander

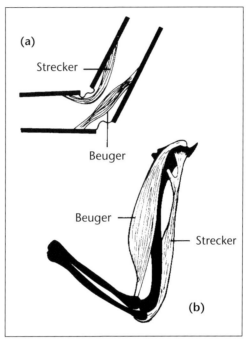

Muskeln und Skelett bei Insekten (a) und Wirbeltieren (b)

Rennender Dreifuß

Wie viele Beine braucht ein Stativ, um nicht zu wackeln? Das Prinzip des sicheren Stehens auf drei Beinen haben die Insekten in Bewegung umgesetzt: Von ihren sechs Beinen berühren beim Laufen abwechselnd immer drei den Boden. Sie bilden eine sichere Dreipunktstütze für ihren Körper (Punkte in der Abbildung). Der mehr oder weniger starre Körper bewegt sich dabei nicht geradlinig, sondern auf einer Zickzacklinie.

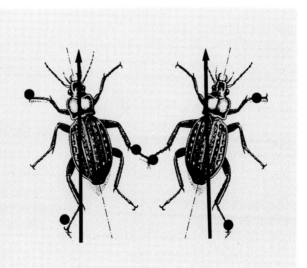

Eier von Insekten sind echte Landeier, die durch ihre Hülle gegen Verdunstung geschützt sind.
Von Feuchtigkeit unabhängige Eier gibt es unter den Wirbeltieren erst bei den Vögeln.

Pfau-Vöglein von
M. S. Merian → S. 63

Biene als «Vögelchen»
→ S. 134

Libellenflug → S. 52

Klee-Blutströpfchen, auffliegend

Die ersten «Vögel»

*Jeder weiß, was so ein Mai-
käfer für ein Vogel sei.*
(Wilhelm Busch)

Fliegen gilt als ein Wesenszug der Vögel. Wie der Vers von Wilhelm Busch erinnern die Namen einiger Schmetterlinge daran, dass man früher alle fliegenden Tiere, die Fledermäuse ebenso wie die Insekten, als Vögel bezeichnete: Eisvogel, Mondvogel, Wiesenvögelchen, Maivogel, Feuervögelchen.

Im Buch Sirach der griechischen Bibel wird die Honigbiene als ein «klein Vögelein» gerühmt. Im 13. Jahrhundert reimte der mittelhochdeutsche Dichter Freidank:
«Die Fliege ist, wird der Sommer heiß,
der kühnste Vogel, den ich weiß.»
Maria Sybilla Merian bezeichnet das Tagpfauenauge als «Pfau-Vögelein». Schmetterlinge werden im Volksmund «Sommervögel» und niederdeutsch »Battervagel» genannt. Die Marienkäfer heißen englisch «ladybird».

Lange bevor die ersten Vögel im Sinkflug von Felsen flatterten, flogen Insekten mit kraftvollen Flügelschlägen durch die Lüfte. Fliegende Insekten gibt es mindestens seit 300 Millionen Jahren. Vielleicht haben die Insekten die Bewegung in der Luft ebenso mit einfachem Gleitfliegen angefangen wie später die Vögel. Im Karbon gab es jedoch schon Riesenlibellen mit etwa 70 cm Flügelspannweite, die den langsamen Lurchen mit rasanten Flugmanövern um die Köpfe sausen konnten. Auf Bildern werden Engel und Elfen mit Flügeln auf dem Rücken dargestellt. Solch fabelhafte Flügel haben nur Insekten. Die Wirbeltierflügel, also die von Flugsauriern, Vögeln und Fledermäusen, sind umgebildete Arme. Die Flügel der Insekten sind Hautausstülpungen der Rückenseite des zweiten und dritten Brustabschnitts. Bevor die Ausstülpungen so groß wurden, dass sie zum Fliegen taugen, dienten sie der Wärmeregulation. Sich sonnende Schmetterlinge nutzen ihre Flügel heute noch zum Aufheizen des Körpers und demonstrieren damit die ursprüngliche Funktion der Insektenflügel.

Bei den meisten Insekten werden die Flügel durch Heben und Senken der Brust bewegt. Die Flugmuskeln setzen nicht an den Flügeln, sondern an den Wänden des Brustpanzers an. Die Flügelpaare werden

Heber   Senker

Indirekte Flugmuskeln:
Der Brustkorb wird wie
eine Feder zusammenge-
zogen bzw. gedehnt.

dabei gleichzeitig auf- und abbewegt. Nur bei den Libellen setzen die Muskeln direkt an den Flügeln an, so dass sie alle vier Flügel unabhängig voneinander bewegen können. Das ermöglicht den wendigen Libellenflug und macht diese Tiere zu den Luftakrobaten unter den Insekten. Ihre Flugkünste werden selbst von nur wenigen Vögeln erreicht, wie den Wanderfalken.

Bei den Zweiflüglern (Fliegen, Mücken) sind die Hinterflügel zu Schwingkölbchen umgewandelt, die beim Flug als Stabilisatoren wirken. Fliegen tragen ihren Namen zu Recht: Sie gehören zu den schnellsten Fliegern, indem sie die beiden Flügel mit hohen Schlagfrequenzen bewegen.

Käfer und Ohrwürmer fliegen ebenfalls nur mit zwei Flügeln. Die zu Flügeldecken umgewandelten Vorderflügel halten sie im Flug starr; sie bewegen nur die häutigen Hinterflügel. Beim Krabbeln durch Gestrüpp und beim Graben im Boden schützen die Deckflügel die empfindlichen Hautflügel vor Verletzungen. Im Bau der Flügel spiegelt sich so die doppelte Lebensweise dieser Insekten als Boden- und Lufttiere: Am Boden finden sie Nahrung oder Brutraum. Mit Luftreisen gelangen sie schnell zu neuen Ressourcen.

Brauner Waldvogel

Vierfleck-Libelle, erscheint wie ein «Doppeldecker»-Flugzeug

Flugleistungen von Insekten

Flügelschläge pro Sekunde

Schmetterlinge	10
Libellen	20
Marienkäfer	80
Stubenfliegen	180
Bienen	240
Stechmücken	300
einige Schwebfliegen und Zuckmücken	1000

Vogelrekord: Amethyst-Kolibri	78

Höchstgeschwindigkeiten (km/h)

Stubenfliegen	8
Schwebfliegen	16
Bienen	29
Großlibellen	40
Bremsen	50
tropische Wespen	72

Auffliegende Blattwespe

Schrittmacher der Evolution

*Verdanken wir den Insekten unsere Existenz? Sie sind nicht nur die
Erstgeborenen unter den Landtieren, sondern haben auch die Evolution
anderer Lebewesen entscheidend vorangetrieben.
Ohne Insekten gäbe es keine Blumen, keine Singvögel und Säugetiere,
keine Netzspinnen und auch keine Menschen.*

Wegbereiter der Wirbeltiere

Die Geschichte der Landtiere wird weitgehend bestimmt durch die Beziehungen zwischen Insekten und Wirbeltieren. Die schon lange an Land lebenden Gliedertiere haben als reiche Nahrungsquelle die Wirbeltiere zuerst an Land gelockt und dann deren weitere Evolution maßgeblich mitbestimmt. Diese Geschichte ist an heutigen Ernährungsweisen der Wirbeltiere noch ablesbar: Frösche, Eidechsen und auch junge Krokodile fangen tagsüber Insekten. Als wechselwarme Tiere sind sie auf Sonnenwärme angewiesen.

Die Vögel sind den fliegenden Insekten in die Luft gefolgt. Die jüngste und artenreichste Gruppe, die Singvögel, besteht überwiegend aus Insektenjägern. Selbst die Körnerfresser unter ihnen füttern ihre Nestlinge mit der eiweißreichen Insektennahrung. Die Schwalben haben sich beim Insektenfang in der Luft zu wahren Flugkünstlern entwickelt.

Vögel sind Augentiere und meist am Tage aktiv. Säugetiere begannen ihre Geschichte dagegen als nachtaktive Insektenjäger. Die Ausrüstung hierfür sind Warmblütigkeit, Schnurrhaare und ein feines Gehör. Neben den Haaren ist das komplizierte Gehörorgan mit den drei Gehörknöchelchen ein wesentliches Kennzeichen der Säugetiere. Auch die Primaten, zu denen Affen und Menschen zählen, haben ihre Geschichte als spitzmausähnliche Insektenfresser begonnen. Die Orientierung mit dem Gehör war entwicklungsfähig: Fledermäuse haben die den Säugern angestammte Insektenjagd bei Nacht durch Ultraschallortung im Flug zur Perfektion gebracht.

Alliierte der Blütenpflanzen

In der wechselvollen Geschichte der Lebewesen sind die Insekten die Verbündeten der Blütenpflanzen. Ohne Insekten gäbe es keine Möglichkeit, Formen und Farben von Blüten zu bewundern. Sie haben sich als Lock- und Erinnerungsbilder für die Bestäuber entwickelt. Die Farben der Blüten entsprechen daher den Lieblingsfarben ihrer Bestäuber. Dies waren zu Anfang ausschließlich Insekten. Vögel und Fledermäuse sind später hinzugekommen, spielen aber bis heute als Bestäuber nur in den Tropen eine Rolle.

Die Angepasstheiten zwischen Blüten und Insekten haben sich in der Erdgeschichte wechselseitig herausgebildet. Bestäubende Insektengruppen und Blütenpflanzen treten schrittweise nacheinander auf. Ursprüngliche Blüten sind strahlenförmig symmetrisch gebaut. An Bienen- und Hummelbestäubung angepasste Blüten sind dagegen (wie die Bestäuber) zweiseitig symmetrisch, z. B. die Lippenblüten und die Schmetterlingsblüten. Der zueinander passende Bau der Partner bewirkt, dass der Pollen an den richtigen Stellen des Insekts haften bleibt und auf den Griffel der nächsten besuchten Blüte gelangt.

Noch raffinierter erscheinen die Ragwurzarten. Sie sind heimische Orchideen. Ihre Blüten ahmen die Weibchen von Wespenarten nach. Die liebeshungrigen Männchen versuchen, die vermeintlichen Weibchen zu begatten. Dabei werden ihnen Pollenpakete an die Stirn geheftet.

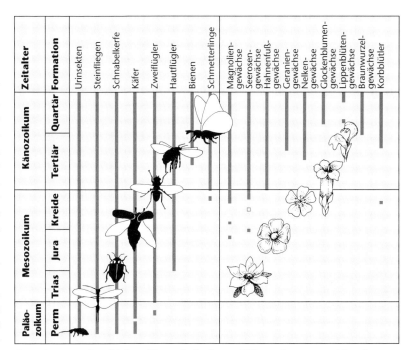

Gemeinsame Geschichte (Koevolution) von Blütenpflanzen und Insekten

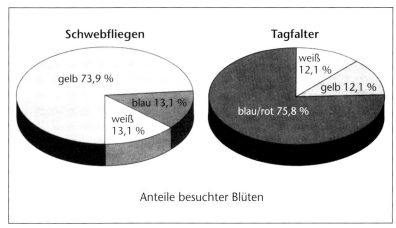

Von Bestäubern bevorzugte Blütenfarben

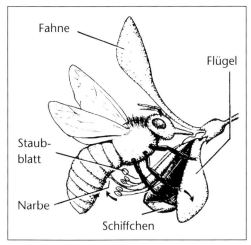

Bestäubung bei einer Schmetterlingsblüte

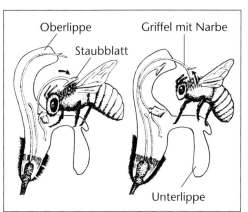

Bei der Lippenblüte der Salbeipflanze werden die Staubblätter durch einen Hebel auf den Rücken der Biene gedrückt.

Begattungsversuch einer Grabwespe an einer Ragwurzblüte

Blütenfreund

Die Symbiose zwischen Blütenpflanzen und Insekten ist so erfolgreich, dass sich in der gemeinsamen Evolution gleich in mehreren Insektengruppen viele Arten herausgebildet haben, die auf die von Blüten angebotene Nahrung spezialisiert sind: Käfer, Schmetterlinge und Bienen.

Die Beziehungen zwischen Blütenpflanzen und Insekten begannen wahrscheinlich damit, dass Käfer die nährstoffreichen Pollen und Samenanlagen fraßen. Unter den heutigen Käfern sind Rosenkäfer und Blütenböcke an den Blütenbesuch angepasst. Man findet sie vor allem an offenen und flachen Blüten von Doldengewächsen, Schafgarben und Kratzdisteln.

Die Schmetterlinge zeigen ihre Lieblingsspeise bereits deutlich mit ihren langen Saugrüsseln an. Mit diesen Mundwerkzeugen können sie nur flüssige Nahrung aufnehmen, so dass sie als Falter fast vollständig auf den von Pflanzen angebotenen Nektar angewiesen sind. Sie saugen ihn vor allem aus Blüten mit langen Kronröhren, wie Nelken und Primeln. Ihre eigentliche Fressphase haben sie allerdings als blättervertilgende Raupen durchlebt. Als Falter nehmen sie meist nur noch wenig und manchmal gar keine Nahrung auf.

Die Familie der Bienen, zu der auch die Hummeln gehören, hat ihr ganzes Leben auf Pollen und Nektar abgestellt. Die Bienenarten füttern auch ihre Larven mit diesen Blütenprodukten. Zu ihren Nahrungspflanzen gehören vor allem Lippen-, Rachen- und Schmetterlingsblütler.

![Kleiner Soldatenkäfer frisst Pollen von Blüten der Schafgarbe.](img placeholder)

Kleiner Soldatenkäfer frisst Pollen von Blüten der Schafgarbe.

Bestäubung → S. 15

Mundwerkzeuge:
Käfer → S. 79
Bienen → S. 31
Schmetterlinge → S. 62

Erdhummel taucht ihren Rüssel in eine Blütenröhre des Sommerflieders.

Silberlinde tötet Hummeln?

Tausende von Hummeln lagen unter der blühenden Silberlinde. Der Verdacht, dass der Nektar des aus Asien eingeführten Baums die Tiere vergiftet habe, war schnell ausgesprochen. Weg mit dem Fremdling? Es stellte sich heraus, dass die spät blühende fremdländische Linde im Herbst die letzten Nahrungsreserven für die Tiere bietet. Beim Ansturm der hungrigen Hummeln reichen aber selbst die Nektarmengen der Silberlinde nicht für alle Ankömmlinge aus, so dass zahlreiche Insekten am Ort der letzten Nahrungssuche verhungern.

Messingeule saugt mit ihrem langen Rüssel Nektar aus Distelblüten.

Spinnefeind

Spinnen verlangen uns durch ihre kunstvoll gewebten Netze die größte Bewunderung ab. Aber diese Kunstwerke wären ohne fliegende Insekten nicht entstanden. Schon vor 380 Millionen Jahren im Devon kleideten die damals lebenden Spinnen ihre Wohnröhren mit Gespinsten aus. Die Fangnetze heutiger Spinnen sind das Ergebnis der langen gemeinsamen Evolution mit den Insekten.

Nicht alle Spinnen bauen Fangnetze, aber alle sind Beutegreifer, die nur lebende Beutetiere fressen. Ihre Opfer sind fast ohne Ausnahme Insekten.

Radnetzspinnen bauen Netze, die senkrecht zu den Flugbahnen der Insekten stehen. Die Netze decken mit relativ wenig Spinnmaterial eine große Fläche ab. Da die Spinnfäden aus wertvollen Eiweißstoffen bestehen, frisst die Spinne sie auf, bevor sie ein neues Netz herstellt. Die Netze dienen auch zur Vorratshaltung der gefangenen und lebend eingesponnenen Beutetiere.

Unter den Spinnen, die kein Netz bauen, kann man jagende und lauernde Beutegreifer unterscheiden.

Zu den jagenden Spinnen gehören die Springspinnen. Sie besitzen große Mittelaugen, mit denen sie ihre Beutetiere wahrnehmen. Die Beute fangen sie mit einem weiten Sprung, wobei sie Entfernungen von der 25fachen Länge des eigenen Körpers überbrücken können. Kurz vor dem Abspringen heften sie einen Sicherheitsfaden an den Boden, so dass sie niemals abstürzen und sich bei Gefahr blitzschnell zurückziehen können.

Zu den lauernden Spinnen zählen die Krabbenspinnen. Sie sitzen oft regungslos auf Blüten, deren Farbe sie sich anpassen. Dort warten sie auf blütenbesuchende Insekten, die sie mit ihren krabbenähnlich ausgebreiteten Vorderbeinen ergreifen.

Spinnen benötigen durchschnittlich nur etwa 0,2 g Nahrung pro Tag. Diese geringe Masse summiert sich im Jahr auf etwa 1 kg Insekten pro Spinne. Man hat errechnet, dass alle Spinnen auf einem Hektar Wiese 47 Tonnen Insekten pro Jahr verzehren. Damit gehören sie zu den wichtigsten Schädlingsvertilgern.

Spinnen sind wie die Insekten Gliederfüßler. Sie besitzen aber nicht sechs, sondern acht Beine und bilden daher eine eigene Gruppe.

Eine Radnetzspinne hat eine Honigbiene eingesponnen. Am Kopf der Honigbiene ist der ausgestreckte Saugrüssel zu erkennen.

Eine Zebraspringspinne hat eine Fliege erbeutet. Springspinnen jagen gern an sonnenbeschienenen Mauern und Hauswänden.

Eine an einer Blüte lauernde, gut getarnte Krabbenspinne hat einen Segelfalter gefangen.

Spinnentiere → S. 18

Beinverwandtschaften

Nicht alles, was krabbelt, ist ein Insekt. Außer den Insekten haben auch andere Gliederfüßler das Land besiedelt: Spinnentiere, Tausend- und Hundertfüßler und sogar Krebse.

Präparation toter Honigbienen → S. 23

Alle Gliederfüßler haben ein Außenskelett: Ein Hautpanzer bedeckt ihren Körper, der in kleinere Abschnitte unterteilt ist, die Segmente. Die Beine sind gegliedert (daher rührt ihr Name). Die verschiedenen Gruppen der Gliederfüßler lassen sich an der Anzahl der Beine unterscheiden.

Insekten sind Sechsbeiner. Ihr Körper gliedert sich in drei Teile: Kopf, Brust und Hinterleib. Die drei Brustsegmente tragen je ein Beinpaar.

Achtbeiner sind die Spinnentiere, zu ihnen gehören neben den Webespinnen vor allem die Milben (einschließlich Zecken) und die wie langbeinige Spinnen aussehenden Weberknechte. Die Spinnen unterscheiden sich von den Insekten auch in der Körpergliederung. Sie besitzen nicht drei Körperabschnitte, sondern nur zwei: den Vorderkörper mit den Beinen und den Hinterkörper mit den Spinndrüsen. Spinnen haben keine Flügel und können daher auch nicht aktiv fliegen. Junge Spinnen können allerdings an langen Spinnfäden durch die Luft segeln.

Vierzehnbeiner sind die Landasseln, die zu den Krebsen gehören. Nah verwandte Formen leben im Meer und im Süßwasser.

Vielbeiner sind Hundert- und Tausendfüßler, deren Namen allerdings etwas übertreiben: Sie besitzen nur etwas mehr als 20 bis 50 Beine.

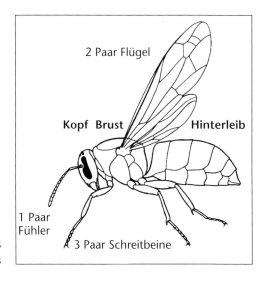

2 Paar Flügel

Kopf Brust   Hinterleib

1 Paar Fühler

3 Paar Schreitbeine

Äußere Gliederung des Insektenkörpers

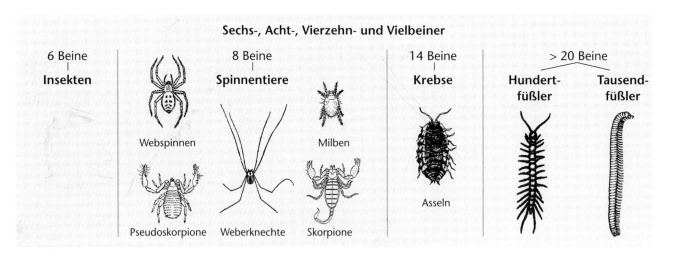

Sechs-, Acht-, Vierzehn- und Vielbeiner

6 Beine	8 Beine	14 Beine	> 20 Beine
Insekten	Spinnentiere	Krebse	Hundertfüßler Tausendfüßler

Webspinnen

Milben

Pseudoskorpione   Weberknechte   Skorpione

Asseln

Die Hundertfüßler besitzen je Körpersegment ein Beinpaar, die Tausendfüßler haben Segmente mit je zwei Beinpaaren und heißen daher auch Doppelfüßler. Die Vielbeiner atmen wie die Insekten durch Tracheen. Sie sind stammesgeschichtlich am engsten mit den Insekten verwandt.

Insekten sind die einzigen Gliedertiere, die Flügel besitzen. In der Regel tragen das zweite und das dritte Brustsegment je ein Flügelpaar. Es gibt jedoch auch Insekten ohne Flügel. Die so genannten Urinsekten sind urtümliche flügellose Insekten. Zu ihnen gehören z. B. die lichtscheuen Springschwänze und Silberfischchen (im Volksmund «Zuckergast» genannt).

Alle anderen Sechsbeiner gehören zu den Fluginsekten, selbst dann, wenn sie gar keine Flügel besitzen. Diese Tiere haben ihre Flügel im Laufe der Evolution durch Selektion verloren. Dass ihre Vorfahren Flügel besaßen, schließt man daraus, dass es entweder innerhalb der Art zeitweise geflügelte Tiere gibt, wie bei den Ameisen und Blattläusen, oder daraus, dass nahe verwandte Formen Flügel haben, wie bei den Bettwanzen.

Auch einige weibliche Schmetterlinge, Heuschrecken, Käfer und Wanzen besitzen keine oder nur stummelförmige Flügel. Läuse und Flöhe sind zwei Gruppen, die von geflügelten Formen abstammen, aber als Parasiten keine Flügel mehr besitzen.

Die Tierläuse sind eng mit den als Vorratsschädlinge bekannten Staubläusen verwandt, unter denen es geflügelte Formen gibt. Die Abstammung der Flöhe ist umstritten. Ihre nächsten Verwandten sind wahrscheinlich die Zweiflügler (Fliegen und Mücken).

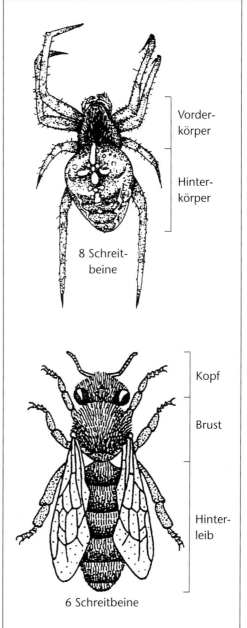

Vorderkörper

Hinterkörper

8 Schreitbeine

Kopf

Brust

Hinterleib

6 Schreitbeine

Körpergliederung einer Kreuzspinne und einer Honigbiene im Vergleich

Spinnen → S. 17

Wanzen → S. 76–79

Läuse → S. 126

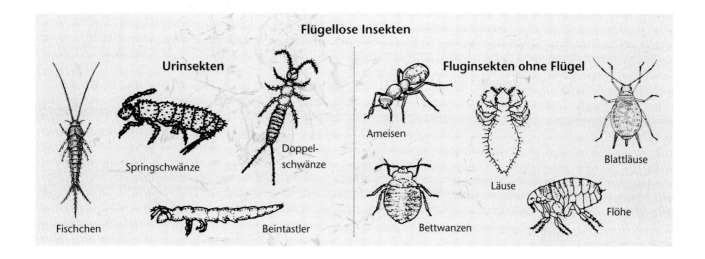

Flügellose Insekten

Urinsekten

Fluginsekten ohne Flügel

Springschwänze

Doppelschwänze

Ameisen

Blattläuse

Läuse

Fischchen

Beintastler

Bettwanzen

Flöhe

19

Wer zählt die Arten, nennt die Namen?

Von den Zoologen wurden bisher 1,5 Millionen auf der Erde lebende Tierarten beschrieben. Davon sind etwa 1 Million Insekten. Die meisten Insektenarten sind bis heute unbekannt geblieben. Niemand weiß, ob es in Wirklichkeit 5 Millionen, 10 Millionen oder gar 30 Millionen Insektenarten gibt.

Blattkäfer:
a. Pappel-Blattkäfer
b. Buntstreifen-Blattkäfer
c. Kartoffelkäfer
d. Erlen-Blattkäfer
e. Sackkäfer
f. Lilienhähnchen
g. Punktiertes Spargelhähnchen
h. Glatter Blattkäfer
i. Weiden-Pflanzengast
j. Blatthähnchen
k. Minzen-Blattkäfer
l. Goldener Fallkäfer

Benennen der Tiere

Da formte Gott alle Tiere des Feldes und alle Vögel des Himmels aus Erde und brachte sie zum Menschen, um zu sehen, wie er sie benennen würde, und wie der Mensch die Lebewesen benennen würde, so sollten sie heißen.
1. Mose 2, 19

Artbegriff → S. 116, 127

An Bäumen tropischer Regenwälder wurden bis zu 600 Insektenarten entdeckt, die jeweils nur an einer einzigen Baumart vorkommen. Da es in tropischen Wäldern etwa 50 000 Baumarten gibt, auf denen die gleiche Anzahl spezialisierter Arten leben könnte, kann man hochgerechnet auf 30 Millionen unbekannte Insektenarten schließen.

Arten sind keine Erfindungen der Biologen. Sie sind vielmehr natürliche Einheiten innerhalb des Systems der Lebewesen. Arten sind nicht immer eindeutig an Merkmalen zu unterscheiden. In der Natur sind sie aber dadurch getrennt, dass sich die Angehörigen einer Art nur untereinander, nicht aber mit denen anderer Arten kreuzen. Die Angehörigen einer Tierart bilden also eine exklusive Fortpflanzungsgemeinschaft. Bei Insekten können Fortpflanzungsbarrieren zwischen den Arten darin bestehen, dass diese jeweils auf bestimmten Futterpflanzen leben und daher gar nicht zusammentreffen. Andere sind durch unterschiedliche Fortpflanzungszeiten getrennt, oder sie können selbst dann keine Nachkommen zeugen, wenn sie sich paaren.

Arten sind Schöpfungen der Evolution. Sie sind keine Kunstwerke, die rekonstruiert werden könnten. Einmal ausgestorben, sind sie für immer verloren.

Das Beschreiben und Benennen der Arten erschließt den Menschen die Schätze der Natur. In der Bibel wird es sogar als Mitwirkung an der Schöpfung geschildert.

Die Käfer stellen die artenreichste Gruppe der Tiere. Auf der Erde gibt es etwa 350 000 beschriebene Käferarten, in Deutschland 7 000. Unter den einheimischen Arten übertrifft allein die Anzahl der 574 Blattkäferarten die der 490 Wirbeltierarten. Säugetiere stellen davon nur 94 Arten – den Menschen eingerechnet.

Lebensräume und Formenvielfalt

Blütenbesucher auf der Dolde
der Wald-Engelwurz

Schmeißfliegen   Gefleckter   Gehörnter   Blattwespe   Kleiner
                 Schmalbock   Blütenbock   Schmalbock

Lebend Beobachten

Vogelfreunde fangen Vögel nur zum Beringen. Insektenliebhaber pflegten dagegen ihre Lieblinge zu töten und aufzuspießen. Das Beobachten von Vögeln heißt Feldornithologie. Hier soll entsprechend zur Feldentomologie angeregt werden: zum Beobachten von Insekten in ihrem Lebensraum.

Schnabelfliege lugt aus einem Beobachtungsgläschen.

Kaum zu übersehen sind die Blütenbesucher, die zuweilen die Dolden am Wegesrand übersäen oder die Blütenkörbe der Kratzdisteln anfliegen.

Leicht kann man auch die reiche Insektenwelt der Brennnesseln entdecken. Allerdings sitzen die kleinen Geschöpfe meist regungslos, so dass man sie erst sieht, wenn sie auffliegen. Da sie sich jedoch oft nur wenig entfernt wieder setzen, kann man sie im Auge behalten und dann in aller Ruhe betrachten. Da Insekten Bewegungen sehr gut wahrnehmen, darf man sich einem interessanten Tier nur mit ganz langsamen Bewegungen nähern. Ein Feldentomologe lernt schnell, dass die kleinen Tiere ihre Umgebung genauer wahrnehmen und schneller reagieren, als er ihnen zugetraut hätte. Sie flüchten eher und weiter, wenn man sie vorher gestört hat.

Doldenblüten → S. 28

Disteln → S. 68

Brennnesseln → S. 72

Im Sommer sieht man Insekten auf jedem Spaziergang. Bunte Schmetterlinge oder große Käfer fallen sofort ins Auge und erregen allgemeine Bewunderung. Viele kleine und unscheinbare Insekten zeigen jedoch bei genauem Hinsehen ähnlich schöne Formen und Farben. Man kann sie leicht beobachten, ohne sie fangen zu müssen. Das einzig nötige Hilfsmittel dazu ist die eigene Aufmerksamkeit.

Eine gute Möglichkeit zum Kennenlernen von Insekten besteht darin, sich an ein Blumenbeet, eine Wiese oder einen Waldrand zu setzen und die vorüberfliegenden oder -krabbelnden Tiere unbemerkt zu beobachten.

Feldentomologisches Protokoll

Ort:	Engelsmeer
Datum:	15. Mai 1999
Zeit:	11.15 Uhr
Wetter:	sonnig, etwa 20 °C, kein Wind
Beobachtete Insekten:	Kleinlibellen, etwa 30
Lebensraum:	Moorsee
Pflanzen:	Binsenbestände am Ufer
Beobachtungen:	viele Libellen in Paarung als Rad, andere als Tandem, Männchen blau gefärbt, Weibchen bräunlich
Bemerkungen:	Foto vom Libellenrad als Hufeisen-Azurjungfern bestimmt

Größere Insekten kann man aus einiger Entfernung gut mit dem Fernglas betrachten.

Man kann auch den Fotoapparat als Sehhilfe benutzen. Der Blick durch das Makroobjektiv lässt die kleinen Tiere in allen Einzelheiten erkennen. Der vergrößerte Ausschnitt rückt die Welt des Kleinen in ganz ungewohnter Weise vor das Auge des Betrachters.

Um seine Beobachtungen festzuhalten, ist es günstig, eine Kartei oder ein Tagebuch anzulegen, wo alle für die Beobachtungen wichtigen Angaben festgehalten werden. Wird eine solche Beobachtungskartei regelmäßig geführt, kann man zum Beispiel das Vorkommen der Insekten in der Umgebung und den Insektenbesuch von Pflanzen über einen längeren Zeitraum verfolgen.

Zum Fangen kleiner Tiere eignet sich ein Exhaustor. Träge Tiere, wie Käfer und Baumwanzen, lassen sich auch direkt mit einem Gläschen fangen. Mit einem Fangnetz streicht man über Kräuterbestände ein paarmal hin und her und knickt das Netz gegen den Rahmen ab. Oder man hält das Netz offen unter einen Zweig, klopft an ihn oder schüttelt ihn (nicht zu kräftig), so dass die Tiere ins Netz fallen. Die gefangenen Insekten überführt man vorsichtig in Beobachtungsgläschen, versucht sie zu bestimmen und lässt sie nach dem Beobachten wieder frei.

Als Feldführer zum Lebendbeobachten eignet sich besonders «Pareys Buch der Insekten» von Michael Chinery, da in ihm alle Tiere, auch Fliegen, Hautflügler und Nachtschmetterlinge, nicht wie genadelte Insekten mit ausgespannten Flügeln, sondern in natürlicher Haltung abgebildet sind.

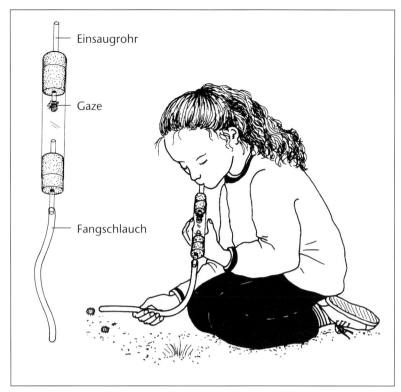

Handhabung eines Exhaustors

An Honigbienen kann man den Körperbau von Insekten studieren und sie präparieren, ohne sie zu diesem Zweck töten zu müssen. Tote Honigbienen findet man in größerer Menge vor jedem Bienenstand, denn sie werden von den Putzbienen regelmäßig aus dem Stock entfernt. Man kann sie gefahrlos auflesen, wenn am späten Abend keine Bienen mehr ausfliegen. Man sortiert die unbeschädigten Exemplare aus und trocknet sie an der Luft. Wenn man sie längere Zeit aufbewahren will, sollte zum Schutz vor Insektenfraß etwas Mottenpulver hinzugetan werden.

Haltung von Insekten → S. 136

Hinweise zum Präparieren

Getrocknete Bienen lassen sich besser präparieren, wenn sie 1 bis 2 Tage vorher angefeuchtet werden, da bei sehr trockenen Bienen die Beine leicht abbrechen. Das Anfeuchten geschieht, indem man die Bienen zusammen mit einem mit Wasser getränkten Wattebausch in ein Glas gibt und dieses dicht verschließt.

Zum Präparieren wird eine Pappe vorbereitet. Rechteckige Markierungen für Kopf, Brust und Hinterleib werden mit Doppelklebeband versehen. Erst kurz vor dem Aufkleben der Teile der Honigbiene wird der obere Schutzstreifen des Doppelklebebands abgezogen. Das Präparat kann mit selbst klebender Folie geschützt werden.

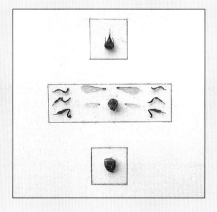

Präparierte Honigbiene auf einer Pappe

Elfen, Gaukler und Ritter

Libellen haben gläserne Flügel wie die Elfen,
Schmetterlingsflügel erinnern an die bunten Gewänder der Gaukler,
und Käfer tragen gepanzerte Schilde wie Ritter.
Was liegt näher, als die Insekten in Elfen, Gaukler und Ritter einzuteilen?

Mohrenfalter

Biologen ordnen in der Regel nach anderen Kriterien. Sie wollen mit den gebildeten Gruppen die stammesgeschichtliche Verwandtschaft der Lebewesen erfassen. Elfen, Gaukler und Ritter sind dagegen drei Erscheinungsformen, die man sich gut merken kann und die helfen, die geflügelte Vielfalt der Insekten zu überschauen und besser kennen zu lernen. Sie sind keine stammesgeschichtlichen Gruppen, sondern «Kenngruppen»:

- **Elfen** haben dünnhäutige Flügel. Die Flügel sind zuweilen farbig oder fleckig, aber immer glasig durchsichtig.
- **Gaukler** haben dünnhäutige, aber undurchsichtige Flügel, da diese dicht mit Schuppen oder Haaren besetzt sind.
- **Ritter** haben dicke und feste und mindestens zum Teil undurchsichtige Vorderflügel.

Prachtkäfer

Von der Eintheilung derer Insecten

Die Insecta kann man eintheilen in die ungeflügelte, und geflügelte. Die geflügelten Insecta haben entweder unbedeckte Flügel, welche entweder glatt, oder bestäubet sind; oder sie haben bedeckte Flügel.
Insecta, welche unbedeckte glatte pergament-ähnliche Flügel haben, so sind folgende: Wasser-Fliegen, Erd-Bienen. Die Hummeln. Die Wasser-Jungfern. Die Scorpion-Fliege. Die Ichneumon-Fliegen oder Schlupf-Wespen, und flügelichte Mücken.
Insecta, welche bestäubte Flügel haben: Die Nacht-Eulen, die Motten-Fliegen. Die Sommer-Vögel oder Butter-Vögel u. dgl.
Insecta, welche bedeckte Flügel haben, sind nicht einerley. Erstlich sind einige, deren Flügel nicht gantz über den Rücken gehen. Die Wasser-Wantzen. Die Baum-Wantzen. Diejenigen Insecta, welche gantz bedeckte Flügel haben. Die Heuschrecken. Die Wasser-Käfer. Die rothen Marien-Käfer, Steinbock-Käfer.

Friedrich Christian Lesser 1738

Wie man sieht, eignen sich die Flügel gut zur Bildung von Kenngruppen. Selbst Zoologen haben die Insekten in «Ungeflügelte» und «Geflügelte» eingeteilt und erst später festgestellt, dass die ungeflügelten Urinsekten eine gemischte Gesellschaft darstellen, die stammesgeschichtlich nicht eng zusammengehört.

Millionen Jahre gab es ausschließlich flügellose Insekten, die auf oder im Boden lebten. Bevor das erste geflügelte Insekt auftrat, entwickelten sich diese Insekten zu verschiedenen Gruppen. Keine Flügel zu haben ist daher ein ursprüngliches Merkmal der Urinsekten. Es zeigt keine nähere Verwandtschaft unter ihnen an. Der Besitz von Flügeln ist dagegen ein Merkmal, das in der Stammesgeschichte der Insekten nur einmal neu erworben wurde. Obwohl sie weit vielgestaltiger erscheinen als die Urinsekten, bilden die geflügelten Insekten daher eine einzige große Verwandtschaftsgruppe.

Unter den Flügel tragenden Insekten ist die Verwandlung mit Puppenstadium (plötzliche Verwandlung) ein neu erworbenes Merkmal, so dass diese Insekten von den Schlammfliegen bis zu den Zweiflüglern eine Verwandtschaftsgruppe bilden. Die Insekten mit allmählicher Verwandlung gehören dagegen mehreren voneinander getrennten Stammeslinien an.

Die Flügel bestimmen die Erscheinung der geflügelten Insekten so eindrücklich, dass ein berühmter Autor des 18. Jahrhunderts, Friedrich Christian Lesser, in seiner «Insecto-Theologia» «durch aufmercksame Betrachtung derer sonst wenig geachteten Insekten» diese bereits nach dem Prinzip der Elfen, Gaukler und Ritter eingeteilt hat, ohne freilich diese Namen zu verwenden.

Wenn auch Elfen, Gaukler und Ritter selbst nur Kenngruppen sind, so werden mit ihnen doch die großen stammesgeschichtlichen Gruppen der heimischen Insektenwelt erschlossen. Mit den Bezeichnungen verbindet sich eine unmittelbare Anschauung: Die erste Einordnung weckt das Interesse an weiterer Benennung. Auffällige Kennzeichen, vor allem weitere Merkmale der Flügel und die Länge der Fühler, reichen aus, um zur jeweiligen stammesgeschichtlichen Gruppe zu gelangen. Anschließend kann man das Insekt dann mit einem Buch, das die ermittelte Gruppe behandelt, leicht weiterbestimmen.

Binsenjungfer

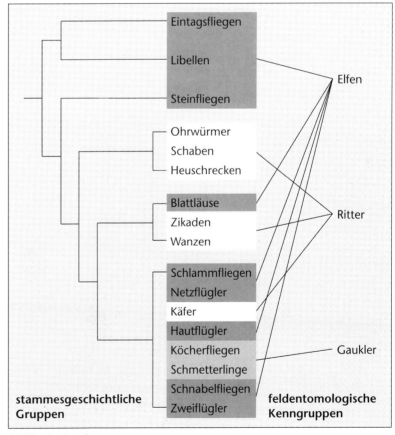

Geflügelte Insekten

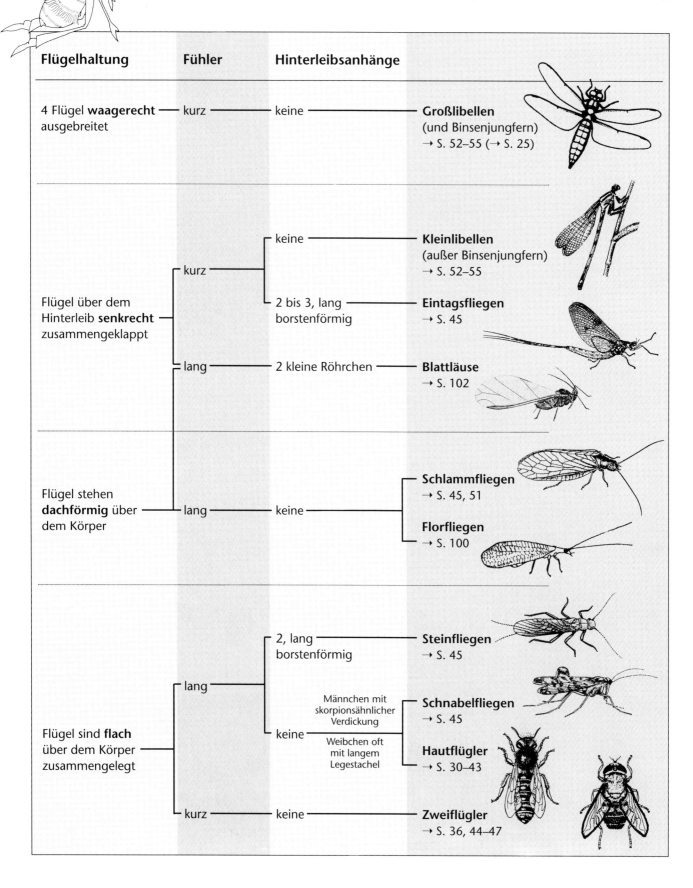

Flügelhaltung	Fühler	Hinterleibsanhänge	
4 Flügel **waagerecht** ausgebreitet	kurz	keine	**Großlibellen** (und Binsenjungfern) → S. 52–55 (→ S. 25)
Flügel über dem Hinterleib **senkrecht** zusammengeklappt	kurz	keine	**Kleinlibellen** (außer Binsenjungfern) → S. 52–55
		2 bis 3, lang borstenförmig	**Eintagsfliegen** → S. 45
	lang	2 kleine Röhrchen	**Blattläuse** → S. 102
Flügel stehen **dachförmig** über dem Körper	lang	keine	**Schlammfliegen** → S. 45, 51
			Florfliegen → S. 100
Flügel sind **flach** über dem Körper zusammengelegt	lang	2, lang borstenförmig	**Steinfliegen** → S. 45
		keine · Männchen mit skorpionsähnlicher Verdickung	**Schnabelfliegen** → S. 45
		Weibchen oft mit langem Legestachel	**Hautflügler** → S. 30–43
	kurz	keine	**Zweiflügler** → S. 36, 44–47

Gaukler

Flügel häutig, aber undurchsichtig

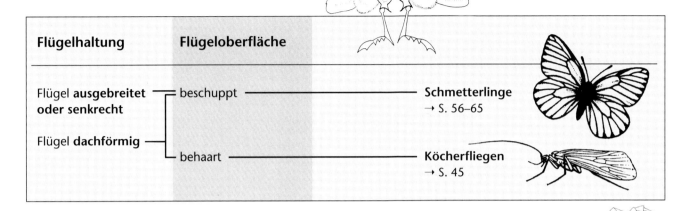

Flügelhaltung	Flügeloberfläche	
Flügel **ausgebreitet oder senkrecht**	beschuppt	**Schmetterlinge** → S. 56–65
Flügel **dachförmig**	behaart	**Köcherfliegen** → S. 45

Ritter

Flügel hornartig und ledrig fest, mindestens zum Teil undurchsichtig

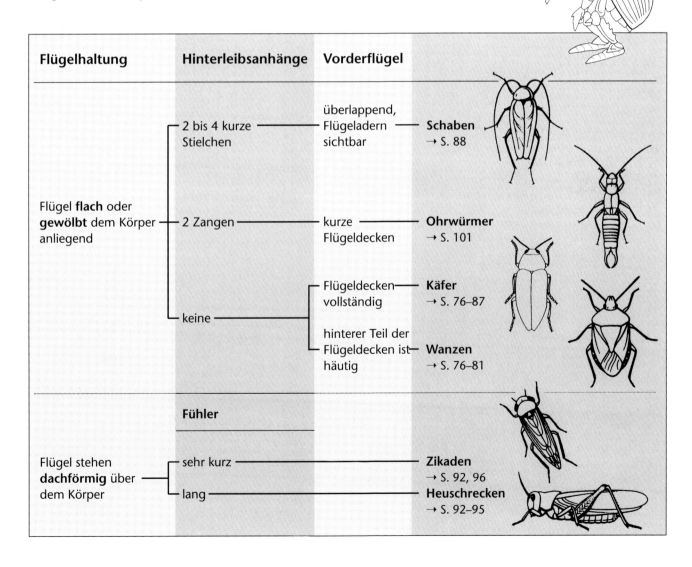

Flügelhaltung	Hinterleibsanhänge	Vorderflügel	
Flügel **flach** oder **gewölbt** dem Körper anliegend	2 bis 4 kurze Stielchen	überlappend, Flügeladern sichtbar	**Schaben** → S. 88
	2 Zangen	kurze Flügeldecken	**Ohrwürmer** → S. 101
	keine	Flügeldecken vollständig	**Käfer** → S. 76–87
		hinterer Teil der Flügeldecken ist häutig	**Wanzen** → S. 76–81

	Fühler		
Flügel stehen **dachförmig** über dem Körper	sehr kurz		**Zikaden** → S. 92, 96
	lang		**Heuschrecken** → S. 92–95

Doldenblüten – offene Tankstellen

Doldengewächse gehören zu den häufigsten blühenden Pflanzen an Wegrändern, Gräben, auf der Wiese und im Wald. Die flachen Einzelblüten bieten ihren Nektar offen dar. Auf den meist weißen Blütendolden sammelt sich daher eine vielfältige Insektenschar.

Kleine Soldatenkäfer an Bärenklau

Der Pinselkäfer ist mit den Rosenkäfern verwandt.

Der Kleine Goldtaler saugt mit seinem kurzen Rüssel an einer Doldenblüte.

Von August bis Oktober sind die Dolden des Bärenklaus übersät von rotbraunen Kleinen Soldatenkäfern. Viele Paare sind darunter und demonstrieren sinnfällig, wie die Tätigkeiten zwischen den Geschlechtern bei ihnen verteilt sind. Während sich das Weibchen die letzten Energiereserven für die Produktion der Eier anfrisst, vollzieht das Männchen huckepack die Begattung und geht währenddessen leer aus.

Käfer haben keinen Saugrüssel. Sie sind daher auf leicht zugängliche Blüten wie die der Doldengewächse angewiesen. Der Pinselkäfer gehört zu den Blütenkäfern. Blütenkäfer wirken wie vorne «zugespitzt»: Die Mundwerkzeuge sind nicht wie bei anderen Käfern nach unten, sondern nach vorn gerichtet. Auf Englisch heißt der Pinselkäfer wegen seiner Behaarung und Färbung treffend «Bee Beetle». Häufig trifft man auf Blütendolden auch die ebenfalls schwarz-gelb gezeichneten Gefleckten Schmalböcke an.

Kleinschmetterlinge haben häufig nur einen sehr kurzen Rüssel, weshalb auch sie die Doldenblüten gezielt aufsuchen. Dasselbe gilt für Fliegen mit ihren kurzen Tupfsaugrüsseln und Wespen mit den vorwiegend beißenden Mundwerkzeugen und nur kurzen Lecksaugrüsseln.

Manche Blütenbesucher finden sich nicht allein wegen des Nektars ein. Blattwespen nutzen den Blütenstand als Jagdrevier, indem sie Blütenbesucher erbeuten. Vom Nektar lecken sie als Nachspeise ebenfalls gern. Auf der Jagd sind auch viele Wanzen. Die Streifenwanze findet man selbst dann noch an Doldengewächsen, wenn die

Pflanzen bereits fruchten. Sie saugt dann Pflanzensaft. Ihre rot-schwarze Streifung ist eine Warnfärbung, die anzeigt, dass das Tier ungenießbar ist. Obwohl sie scheinbar keine Flügel besitzt, kann sie gut fliegen: Ihre Flügel sind unter dem Rückenschild versteckt.

Neben den genannten Blütenbesuchern kann man auf den Doldenblüten auch Insekten antreffen, die eigentlich nicht auf freiliegenden Nektar angewiesen sind, weil sie mit langen Rüsseln in tiefe Blütenröhren langen können. Selbst Honigbienen, Hummeln und Tagfalter kommen gern zur freien Nektarquelle, so dass man auch Vertreter dieser Gruppen häufig an Doldenblüten antrifft. Daher kann man an Doldengewächsen seine ersten und besten feldentomologischen Beobachtungen machen.

Diese Tatsache ist an den Fotos dieses Buches zu erkennen, denn Bilder mit Insekten auf Doldenblüten finden sich nicht nur auf dieser, sondern auch auf vielen anderen Seiten.

Warnfärbung → S. 121

Wespentäuschung → S. 124

Blütenböcke → S. 21

Fliegen und Wespe an Bärenklau

Bärenklau

Doldenblüte

Die Blattwespe schätzt an den Doldenblüten nicht nur den Nektar, sondern auch kleine, blütenbesuchende Fliegen als Speise.

Streifenwanze

Emsige Immen

Neben dem Seidenspinner ist die Honigbiene das einzige wirbellose Haustier. Die Honigbiene wird deshalb häufig als «die» Biene bezeichnet, obwohl es in Deutschland über 500 Bienenarten gibt.

Das sammelnde Haustier

Bienenfleiß
Um ein Glas Honig (0,5 kg) zu erzeugen, müssen die Arbeitsbienen 1,5 kg Nektar sammeln. Um den etwa 50 mm³ großen Honigmagen zu füllen, müssen 100 bis 500 Blüten besucht werden.
Für ein Glas Honig fliegen die Sammelbienen 20 000 bis 30 000-mal aus, besuchen zwei bis drei Millionen Blüten und legen insgesamt eine Strecke von 80 000 bis 120 000 km zurück, das ist das Zwei- bis Dreifache des Erdumfangs.

«Honig ist der süße Stoff, den die Bienen erzeugen, indem sie Nektariensäfte oder auch andere, an lebenden Pflanzenteilen sich vorfindende süße Säfte aufnehmen, durch körpereigene Stoffe bereichern, in ihrem Körper verändern, in Waben aufspeichern und dort reifen lassen.»

aus einer Verordnung
von 1930

Schon als Sammlerinnen und Jäger vor mehr als 9000 Jahren haben sich die Menschen das süße Sammelgut der wilden Honigbienen angeeignet. Seit dem Altertum wurden die Honigbienen eines Gebietes ähnlich wie das Wild gehegt und bewirtschaftet. Seit dem 16. Jahrhundert wurden sie dann zunehmend als Hausbienen gehalten.

Von einem guten Honigbienenvolk können im Jahr bei guten Trachtbedingungen bis zu 50 kg Honig gewonnen werden. Der Durchschnittswert liegt bei 7 kg. Neben dem Honig ist das Bienenwachs ein begehrtes Produkt, das vor allem für kosmetische und pharmazeutische Produkte verwendet wird. Eine Baubiene erzeugt im Laufe ihres Lebens nur etwa 0,006 g Wachs. Ein Volk kann in einem guten Jahr etwa 900 g Wachs erzeugen.

Ein besonderes Produkt ist der Futtersaft, mit dem die Königinnen zunächst als Larven und dann Zeit ihres Lebens gefüttert werden: das Gelée royale. Seine heilsame und stärkende Wirkung wird medizinisch genutzt. Um den Futtersaft zu gewinnen, werden besondere Königinnenzuchten (Weiselzuchten) angelegt.

Wie andere Haustiere werden Honigbienen heute systematisch auf für den Menschen günstige Eigenschaften hin gezüchtet, z. B. auf vermehrten Honigertrag, Friedfertigkeit, Krankheitsresistenz und Blütenstetigkeit. Da auf dem bis zu 12 km langen Hochzeitsflug nicht kontrolliert werden kann, mit welchen Drohnen sich die Königin verpaart, müssen zur Reinzucht aufwendige Vorkehrungen getroffen werden. In Deutschland werden die Ostfriesischen Inseln «bienenfrei» gehalten. Drohnen ausgewählter Zuchtlinien werden auf die Inseln verfrachtet. Die Imker erhalten die Nachricht, welche Zuchtlinie auf welcher Insel zu finden ist. Dann schicken sie ihre jungfräulichen Königinnen gezielt zur gewünschten Drohnensorte auf die Reise. Sie werden per Post in einem kleinen Wabenkästchen mit je etwa 1500 Arbeiterinnen als Begleiterinnen verschickt. Damit sich keine Drohne einschmuggeln kann, werden die Begleitbienen gesiebt, so dass die größeren Drohnen zurückbleiben. Auf dem Hochzeitsflug werden die Königinnen

Sammlerin beraubt Sammlerinnen (jungsteinzeitliche Zeichnung, 3 000 v. Chr.). Die Nester der Honigbienen befanden sich häufig frei an Felsüberhängen.

Sammelwerkzeuge der Arbeiterinnen

Körbchen

Kamm und Bürste

Lecksaugrüssel

jeweils von 6 bis 8 Drohnen begattet. Die Drohnen sterben bei diesem Akt, die Königinnen kehren danach zu ihrem Flugloch zurück und werden an die Besitzer zurückgesendet.

Die drei Morphen der Honigbiene – Arbeiterin, Königin und Drohn – entstehen auf unterschiedliche Weise. Aus befruchteten Eiern entwickeln sich Weibchen. Die Larven in den großen Weiselzellen werden von den Arbeiterinnen mit Weiselfuttersaft versorgt, der bewirkt, dass sich die Larve zur Königin entwickelt. Arbeiterinnen sind jedoch nicht als «verkümmerte»

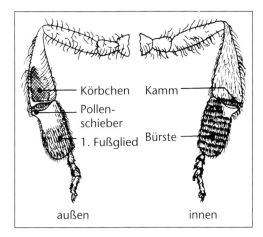

Körbchen
Pollen-schieber
1. Fußglied

Kamm
Bürste

außen   innen

Bau des Sammelbeins der Honigbiene:
Mit der Bürste wird der Pollen aus den Körperhaaren gestreift. Mit dem Kamm wird der Pollen aus der Bürste des gegenüberliegenden Beines gekämmt und im Körbchen gesammelt.

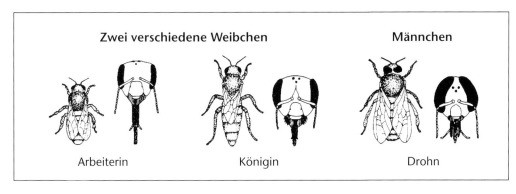

Zwei verschiedene Weibchen   Männchen

Arbeiterin   Königin   Drohn

Die drei Morphen der Honigbiene

Weibchen anzusehen. Zwar sind ihre Eierstöcke nur wenig entwickelt, sie besitzen aber als einzige Mitglieder des Stocks Sammelbeine. Wachs- und Futterdrüsen, Lecksaugrüssel und Giftdrüse sind außerdem stärker ausgebildet als bei der Königin.

Aus unbefruchteten Eiern entwickeln sich Männchen. Diese Eier legt die Königin in Drohnenzellen, die etwas größer sind als die der Arbeiterinnen. Über die Anzahl der Drohnen wird also nicht allein von der

Königin entschieden, sondern auch von den Baubienen, die die Zellen bauen.

Ein Volk umfasst im Sommer etwa 30 000 bis 80 000 Tiere, darunter einige Hundert Drohnen und eine Königin; die übrigen Tiere sind Arbeitsbienen. Im Frühjahr und im Sommer erreicht eine Arbeiterin nur ungefähr ein Alter von vier bis sechs Wochen, davon lebt sie 1 bis 2 Wochen als Sammelbiene. Nur die überwinternden Tiere werden 6 bis 8 Monate alt.

Gelée royale
Der Futtersaft, mit dem die Königinnen ernährt werden, ist eine weißliche, teigige Substanz mit saurem, brennenden Geschmack. Die Trockensubstanz besteht aus 60 % Eiweiß, 25 % Kohlenhydraten, 16 % Fett und 9 % Mineralstoffen. Die Eiweiße enthalten alle für Bienen und den Menschen essentiellen Aminosäuren.

31

Honigbiene.
Am Hinterbein ist das
Körbchen mit etwas
Blütenstaub zu erkennen.

Rote Mauerbiene.
Am Bauch des Hinterleibs
ist die Sammelbürste
zu sehen.

Bauchsammlerin

Furchenbiene.
Es gibt viele ähnliche
und kleinere Arten (auch
unter den Sandbienen).

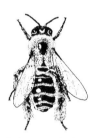

Beinsammlerin

Weiden-Sandbiene kehrt
mit Pollen beladen zu
ihrem Erdnest zurück.
Die Sand- oder Erd-
bienen sind Beinsammle-
rinnen. Es gibt viele kleinere Arten (→ S. 142).

Wilde Verwandte
der Honigbiene

Ohne die wilden Verwandten der Honigbienen gäbe es in vielen Gärten wenig
Obst zu ernten, denn sie sorgen zum
großen Teil für die Bestäubung der Obst-
baumblüten. Nur in großen Plantagen leisten die extra zur Blütezeit herantranspor-
tierten Honigbienen den Hauptanteil an
der Bestäubung.

Honigbienen sind die einzigen Bienen, die
als Volk überwintern und vom Frühjahr
bis zum Spätherbst fliegen. Sie holen sich
«opportunistisch» ihre Nahrung jeweils
von denjenigen Pflanzenarten, die gerade
zahlreich blühen und den meisten Pollen
oder Nektar anbieten.

Im Gegensatz dazu fliegen viele Wildbienenarten nur zu einer bestimmten Jahreszeit und besuchen nur wenige Pflanzenarten. Sie sind für die Fortpflanzung dieser
Pflanzenarten daher besonders wichtig.
Die meisten Wildbienenarten bilden keine
Völker. Die Weibchen betreiben aber Brutfürsorge, indem sie ein Nest aus einer oder
mehreren Kammern bauen und Nektar
oder Pollen eintragen.
Verschiedene Wildbienen haben andere
Sammelapparate und Sammeltechniken
als die Honigbiene. Manche sammeln zwar
mit den Beinen, haben aber keine Körbchen. Andere transportieren den Pollen in
den dichten Haaren an der Brust oder am
Bauch. Ist genügend Nahrung eingetragen,
werden die Kammern mit einem Ei versehen und verschlossen. Die Biene stirbt, bevor ihre Töchter im nächsten Frühjahr
schlüpfen.

Die Mauerbienen legen ihre Nester in
Löchern oder kleinen Höhlen an und
mauern sie mit Erde zu, die durch Kauen
und Bienenspeichel wie Zement zusam-
menhält. Sie kommen zum Nestbau auch
an Häusermauern und in Wohnungen. Bei
der Wahl der Nisthöhle sind sie nicht wählerisch. Von einer Roten Mauerbiene wird
berichtet, dass sie ihr Nest in eine abgelegte Tabakspfeife gebaut habe.

Bei einigen Arten der Furchenbienen gibt
es kleine Sozialverbände, in denen die
Töchter der Nestgründerin bei der weiteren Aufzucht von Nachkommen helfen.

Eine Gartenhummel (links) mit «Höschen» im Körbchen

Kuckuckshummel (rechts)

Hummeln sind Wildbienen, die Völker bilden. Auch bei ihnen überwintern nur die Weibchen, die im Frühjahr ein Nest gründen. Sie sind sehr zuverlässige Bestäuber und werden daher zunehmend gezielt gezüchtet und in Gewächshäusern zur Bestäubung von Kulturpflanzen, z. B. Tomaten, eingesetzt.

Kuckuckshummeln sind Brutparasiten. Sie legen ihre Eier in die Nester anderer Hummelarten. Kuckuckshummeln sind an den gleichmäßig behaarten Hinterbeinen zu erkennen. Sie haben also kein Körbchen.

Die Glänzende Hummelfliege sieht nicht nur aus wie eine Hummel, sie hat außerdem auch eine enge Beziehung zu ihr: Ihre Larven entwickeln sich als Gäste in Hummelnestern.

Auch andere Schwebfliegen ahmen oft Hummeln nach (→ S. 36).

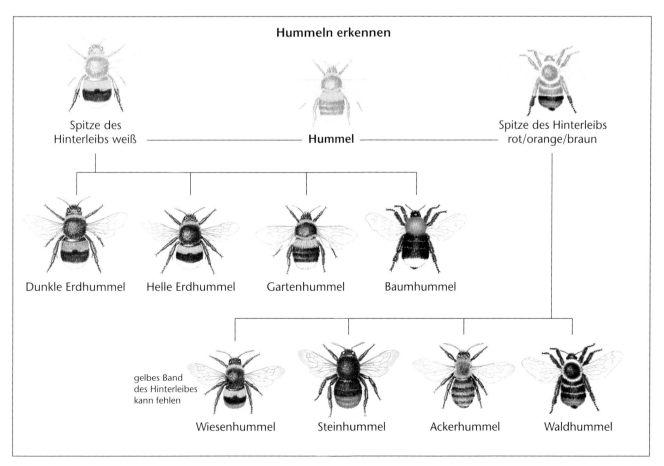

Hummeln erkennen

Spitze des Hinterleibs weiß — **Hummel** — Spitze des Hinterleibs rot/orange/braun

Dunkle Erdhummel — Helle Erdhummel — Gartenhummel — Baumhummel

gelbes Band des Hinterleibes kann fehlen

Wiesenhummel — Steinhummel — Ackerhummel — Waldhummel

33

Um Honigbienen und Hummeln beobachten zu können, ist es günstig, einen Bienenfuttergarten anzulegen. Die beste Zeit für die Beobachtung von Blütenbesuchern erstreckt sich von Juni bis August. Beobachtet wird am besten in Kleingruppen (3 bis 5 Personen).

Blüten und ihre Besucher

Um festzustellen, welche Arten die Blüten besuchen, teilen die Beobachter am besten die häufig besuchten Pflanzenarten untereinander auf. Dabei sollten die Gruppen möglichst Pflanzen mit unterschiedlichen Blütenfarben und Blumenformen wählen:
• flache Schalenblumen (z. B. Mohn),
• offene Lippenblumen (z. B. Taubnessel),
• geschlossene Lippenblumen (z. B. Löwenmaul),
• Schmetterlingsblumen (z. B. Rotklee),
• Köpfchenblumen (z. B. Löwenzahn).
Die Gruppen versuchen jeweils die Tiere zu bestimmen, die die Blüten der gewählten Pflanzenart besuchen.

Jetzt, während ich das schreibe, ist eine große Hummel ins Zimmer geflogen und füllt es mit tiefem Brummen. Wie schön das ist, welch tiefe Lebensfreude liegt in diesem satten Ton, der von Fleiß und Sommerhitze und Blumenduft vibriert.

Rosa Luxemburg,
19. 5. 1917, Brief aus
dem Gefängnis

Farbwahlversuche

Man kann die unterschiedliche Farbwahl von Bienen und anderen Insekten mit Hilfe von Farbschalen untersuchen.
Zur Herstellung von farbigen Schalen schneidet man Plastikbecher (Joghurt- oder besser Margarinebecher) mit einem scharfen Messer etwa 1 bis 1,5 cm über dem Boden rundherum ab.
Die so entstehenden Schalen werden außen und innen jeweils mit einer anderen gut deckenden Farbe besprüht (z. B. Autolack). Als Farben verwendet man u. a. Rot, Blau, Gelb und Grün.
Als Beobachtungstisch kann man ein langes Brett verwenden, das über zwei Kisten gelegt wird.
Die Farbschalen werden in langer Reihe auf den Beobachtungstisch gestellt und randvoll mit Zuckerwasser gefüllt.

An einem sonnigen, möglichst windstillen Tag beobachtet man 15 bis 30 Minuten lang, welche Insekten welche Farbschale besuchen. Man notiert immer nur, welche Schale von einem Insekt zuerst besucht wird. Jedes Individuum wird also möglichst nur einmal registriert.

Bei den Hummeln sollte man sich auf solche Tiere beschränken, die mit der Bestimmungshilfe auf der vorigen Seite sicher zuzuordnen sind. Anders gefärbte Tiere sind meist Männchen. Es gibt bei allen Arten auch dunkle, fast schwarze Exemplare (Schwärzlinge).
Sind die Tiere bestimmt, dann zählt man, wie oft Exemplare derselben Art die Blüten der ausgewählten Pflanzenart besuchen, und stoppt die Verweildauer. So kann man feststellen, welche Pflanzen ausgesprochene «Bienenblumen», welche «Hummelblumen» sind und welche Blumen von beiden Gruppen besucht werden. Anhand der Rüssellängen der Honigbiene und der Hummelarten lassen sich Beziehungen zum Blütenbau von Hummel- und Honigbienenpflanzen herstellen.

Sammelverhalten

Bei manchen Blüten, wie Leinkraut und Löwenmaul, öffnet sich das Tor ins Innere nur, wenn die Biene schwer genug ist, um es zu öffnen. Man kann beobachten, wie leicht oder schwer es den Besuchern fällt, in die Blüte zu gelangen. Mit etwas Glück erwischt man auch einen Nektardieb, der durch Aufbeißen des Blütensporns oder der Kronröhre an den Nektar gelangt und so die Pflanze um die Bestäubungsleistung betrügt.

Pollenschütteln

Erdhummeln schütteln den Pollen förmlich aus einer Blüte heraus: Durch heftiges Vibrieren der Flügel setzen sie die Staubbeutel in Schwingungen, wodurch der Blütenstaub herausfällt und ihren Körper einpudert.
An offenen Blüten wie der Heckenrose kann man das Pollenschütteln direkt beobachten und hört dabei ein leichtes Surren. Auch kurz nachdem eine Hummel in die Kronröhre eines Fingerhuts geschlüpft ist, ist das Surren zu hören, wenn man an der Kronröhre horcht. Durch das Schütteln sind Hummeln sehr gute Pollensammler und Bestäuber.
Eine Erdhummel bestäubt auf einem einzelnen Sammelflug etwa 400 Blüten. Bei durchschnittlich 10 Trachtflügen pro Tag summiert sich deren Anzahl also auf rund 4000 Blüten pro Hummel. Damit sind Hummeln wesentlich eifrigere Bestäuber als Honigbienen, deren Völker allerdings deutlich größer sind.

Reaktionen von Insekten auf Düfte

In Versuchen bietet man Zuckerwasser in einem Glasschälchen an. In den Trichter unter dem Schälchen werden Duftproben gegeben. Es wird jeweils die herrschende Temperatur, Windstärke und -richtung sowie die Bewölkung notiert.

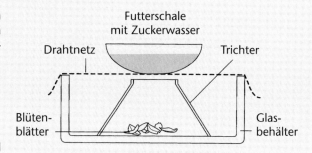

Futterschale
mit Zuckerwasser

Drahtnetz

Trichter

Blüten-
blätter

Glas-
behälter

Angebot von Zuckerwasser
Man bietet nur nicht duftendes Zuckerwasser an.

Angebot von Zuckerwasser und Duft
Man träufelt 2 bis 4 Tropfen Lavendelöl in den Trichter und verhüllt den Trichter mit Gaze.
Man beobachtet bei beiden Versuchen:
– Welche Insekten stellen sich ein?
– Wie lange bleiben die Insekten am Zuckerwasser?
– Wie viele kommen während der Beobachtungsdauer zum Glasschälchen?
– Welche Unterschiede gibt es mit und ohne Duft?

Zuckerwasser und Duft auf Kunstblume
Man stellt einen Strauß aus verschiedenfarbigen Papier-, Stoff- oder Plastikblumen zusammen und benetzt die Kunstblüten mit Zuckerwasser. An jede Blüte gibt man etwas Lavendelöl.
– Welche Farben werden bevorzugt angeflogen?
– Von welchen Insekten?

Vergleich verschiedener Düfte
Es werden mehrere Futterplätze gleichzeitig aufgebaut, an denen verschiedene künstliche und natürliche Düfte angeboten werden. Mit einer Pipette träufelt man die Düfte in den Trichter oder tut Blüten hinein: Lavendelöl, Thymianöl, Blüten von Sommerflieder, Narzissen, Schafgarben oder Rosen. Anschließend wird der Trichter wieder verhüllt:
– Welcher Duft wird von welchen Insekten bevorzugt?

Locksterzelnde Honigbiene lockt Stockgenossinnen mit ausgestülpter Duftdrüse zum Futterplatz.

Blütenstetigkeit

Um zu untersuchen, ob die Blütenbesucher jeweils einer Pflanzenart treu bleiben oder wahllos zwischen verschiedenen Pflanzenarten wechseln, muss man Einzeltiere bei ihrem Sammelflug über mehrere Blüten verfolgen. Das geht besser, wenn sich zwei Partner zusammentun, um das Tier im Auge zu behalten, wenn es sich auf die nächste Blüte setzt. Da sowohl Honigbienen als auch Hummeln den gesammelten Pollen als Höschen tragen, lässt sich zuweilen an der Farbe des Blütenstaubs feststellen, von welcher Pflanze er stammt. Zugleich weist eine einheitliche Höschenfarbe auf Blütenstetigkeit hin.

Rüssellängen (mm)

Bienen (Arbeiterinnen)

Honigbiene	6
Dunkle Erdhummel	9
Baumhummel	8–10
Steinhummel	10–12
Ackerhummel	12–13
Gartenhummel	14–16

Schmetterlinge

Kohlweißling	16
Admiral	13–14
Distelfalter	13–15
Kleiner Fuchs	14–15
Zitronenfalter	16–17
Pfauenauge	17
Schwalben-schwanz	18–20
Tauben-schwänzchen	25–28
Winden-schwärmer	65–80

Schwebfliegen

Gestreifte Schwebfliege	2
Sumpffreund	6–7
Bienen-Täusch-fliege	7–8
Hummelfliege	8

Pflanzen für den «Bienenfuttergarten»

	Nektar	Pollen
Taubnesseln	3	1
Bärenklau	3	1
Klee und Esparsette	3–4	3–4
Mohn	–	4
Sonnenblume	3	3
Steinklee	4	3
Borretsch/Bienenfreund	3	2
Löwenzahn	3	4
Raps	4	4
Salbei	3	1
Goldrute	3	2
Weiden	4	4
Apfel und Kirsche	4	4
Birne	2	3
Stachelbeere	3	2
Himbeere	4	3
Heide	4	1
Sommerflieder	3	1

1 = wenig, 2 = mittel, 3 = gut, 4 = sehr gut

Pollenfarben verbreiteter Blütenpflanzen

Klatschmohn	dunkelblau bis schwarz
Drüsiges Springkraut	lila
Bienenfreund	lila bis blau
Wiesen-Storchschnabel	grün bis blau
Schmalblättriges Weidenröschen	grün
Wiesen-Flockenblume	olivgrün
Gemeiner Natternkopf	grün bis grau
Glockenheide	grau
Blut-Weiderich	ocker bis grün
Besenheide	ocker
Weiß-Klee	ocker bis braun
Rot-Klee	braun
Garten-Lupine	rot
Purpurne Taubnessel	rot
Löwenzahn	orange
Apfel	orange bis gelb
Wegwarte	weiß bis gelb

A Bee or not a Bee?

Biene oder Fliege, das ist hier die Frage. Bienen sind als Bestäuber beliebt. Fliegen gelten dagegen als lästige Brummer oder werden überhaupt nicht beachtet. Fliegen, die Blüten besuchen, sehen Bienen oder Wespen oft täuschend ähnlich. Auf den ersten Blick fällt die Entscheidung schwer: Sitzt auf der Blüte nun eine Biene oder eine Fliege?

Fliegen haben kurze oder stummelförmige Fühler, die starr nach vorn gerichtet sind.

Fliege mit Tupfsaugrüssel

Rüssellängen von Bienen und Schwebfliegen → S. 35

Fliegen → S. 44
Hummelfliege → S. 33

Wespentäuschung → S. 124

Bienen und Fliegen gehören zu zwei ganz unterschiedlichen Gruppen der Insekten. Bienen sind Hautflügler, zu denen außerdem Wespen und Ameisen zählen. Fliegen sind – wie die Mücken und Schnaken – Zweiflügler. Da bei den Zweiflüglern das hintere Flügelpaar zu Schwingkölbchen reduziert ist, besitzen sie, wie der Name angibt, nur ein Flügelpaar.

Um Fliegen von den Bienen zu unterscheiden, müsste man also eigentlich nur die Flügel zählen. Aber das hat buchstäblich einen Haken: Bei den Bienen sind nämlich die Vorder- und Hinterflügel so miteinander verhakt, dass sie selbst im Flug zusammen bewegt werden und daher nur wie ein Flügel erscheinen. Und wenn die Flügel über dem Hinterleib zusammengelegt sind, kann man sie sowieso nicht zählen (was aber in vielen Bestimmungsbüchern für Insekten verlangt wird. Feldentomologisch taugen diese Bücher nicht: Nur tote Insekten könnte man mit ihnen bestimmen).

Um Bienen und Fliegen zu unterscheiden, muss man ihnen auf den Kopf schauen! Fliegen haben meist größere Augen als Bienen. Noch deutlicher als ihre Augen unterscheiden sich die Fühler:

- Bei den meisten Fliegen sind die Fühler klein und stummelförmig. Sie sind kaum zu erkennen.
  Bei Bienen sind die Fühler länger und gut zu sehen.
- Unverkennbar sind die Bienen dadurch, dass sie ihre Fühler ständig und deutlich sichtbar auf und ab bewegen. Diese emsigen Fühlerbewegungen sind typisch für alle Hautflügler.
  Haben Fliegen ausnahmsweise längere Fühler, so werden diese kaum bewegt, sondern sind starr nach vorn gerichtet.

An ihren Fühlern also kann man Bienen und Fliegen erkennen. Man muss sich zwingen, nicht die ganze Gestalt wahrzunehmen, die eine Biene oder Wespe nur vortäuscht.

Saugt das Tier an einer Blüte, so findet man bei Beobachtung des Kopfes einen weiteren Unterschied:
- Bienen haben kleine Kiefer und einen Lecksaugrüssel.
- Schwebfliegen und viele andere Fliegen haben einen Tupfsaugrüssel.

Wegen ihres langen Lecksaugrüssels trifft man Bienen und Hummeln häufig an Lippen- und Rachenblüten an, deren Nektar für Fliegen nicht erreichbar ist und die diese Blüten daher nur selten aufsuchen. Auf Dolden- und Korbblüten sind Bienen und Fliegen dagegen sehr oft gemeinsam vorzufinden.

Die Täuschung der Schwebfliegen ist manchmal verblüffend, denn einige summen und halten die Beine im Flug wie eine Honigbiene. Allerdings sitzen sie meist ruhiger auf den Blüten als die rastlos eilenden Bienen, so dass sich Schwebfliegen leicht fotografieren lassen. Und so finden sich in vielen Büchern schöne Fotos von Blüten mit angeblichen Bienen, die den Betrachter verwundert aus großen Fliegenaugen anschauen.

Wie weit die bienen- und wespenähnlichen Fliegen durch das Nachahmen ihrer stachelbewehrten Vorbilder gegen insektenfressende Vögel geschützt sind, ist nicht für alle Arten nachgewiesen. Aus vielen Untersuchungen weiß man aber, dass Vögel, die mit Bienen oder Wespen Stecherfahrungen gemacht haben, auch die ähnlichen, aber harmlosen Schwebfliegen meiden.

Eine solche Täuschung, bei der die Warnsignale eines Vorbildes nachgeahmt werden, nennt man Mimikry. Man kann also von einer Bienen-, Hummel- und Wespenmimikry der Schwebfliegen sprechen.

Bienen haben mittellange bis lange Fühler, die ständig in Bewegung sind.

Biene mit Lecksaugrüssel

a. Bienen-Täuschfliege und b. Honigbiene

c. Hummel-Täuschfliege und d. Kuckuckshummel

e. Berberitzen-Schwebfliege und f. Ackerhummel

g. Wespen-Schwebfliege und h. Wollbiene

Nicht nur schwarz-gelb: Wespen

Wespen werden als lästige Besucher von der Kaffeetafel vertrieben, weil man sich vor ihrem Stich fürchtet. Andere Wespen mit ihren vielgestaltigen Formen und Verhaltensweisen entgehen meist unserer Aufmerksamkeit.

Sandwespe: Raupenfang nach Plan?

Ein Störversuch

Die Abfolge der ersten Phase der Brutpflege einer Sandwespe ist starr festgelegt: Hinlegen der Raupe, Öffnen, Hineintauchen ins Nest, Sichumdrehen, Anfassen der Raupe und rückwärts in das Nest Hineinziehen.

Wird diese Handlungskette unterbrochen, so fängt die Wespe noch einmal von vorne an.

Wird z. B. die Raupe während des Hineinschlüpfens in das Nest ein wenig verlagert, so sucht die Wespe die Raupe und schleppt sie zum Nest. Sie zieht sie aber nicht sofort ein, sondern taucht noch einmal hinein, dreht sich um, ...

Gemeine Sandwespe
→ S. 40

Sandwespen fliegen von Anfang Juni bis Mitte Oktober in heideartigen Lebensräumen. Zuweilen erscheinen sie in der Stadt sogar an Blumenkästen. Die Weibchen graben Höhlen in den Sandboden und tragen gelähmte Insektenlarven ein. Von den drei einheimischen Sandwespenarten versorgt nur die Dreiphasen-Sandwespe mehrere Nester gleichzeitig. Wie schafft sie es, die nötige Proviantmenge für die Nachkommen richtig abzuschätzen?

Das Brutpflegeverhalten der Dreiphasen-Sandwespe wurde 1941 von dem niederländischen Biologen G. P. Baerends erforscht.

Das Weibchen gräbt das Nest mit seinen kräftigen Kiefern und den Borsten, die an den Fußgliedern seiner Vorderbeine sitzen. Der ausgegrabene Sand wird zwischen Kopf und Brust geklemmt, weggetragen und etwa 20 cm vom Nest entfernt fallengelassen. So verrät die Farbe des ausgehobenen Sandes das Nest nicht. Dieses wird mit kleinen Steinchen verschlossen. Darauf folgen der Beutefang, das Eintragen der ersten Raupe und die Eiablage. Danach wird das Nest erneut verschlossen. Die Wespe sucht nun ein anderes Nest auf.

Durch Markierung der Wespen und Nummerierung der Nester gelang es Baerends,

drei Phasen im Brutpflegeverhalten zu unterscheiden:

1. Graben der Höhle, Einbringen der ersten Raupe und Eiablage.
2. Versorgung der jungen Larve: Einbringen von 1 bis 3 Raupen.
3. Versorgung der älteren Larve: Einbringen von 3 bis 5 Raupen kurz hintereinander («Vielraupentag»).
   Danach erfolgt das endgültige Verschließen des Nests.

Baerends beobachtete, dass die Wespe ein Nest unregelmäßig auch ohne Raupe aufsucht, es öffnet, hineintaucht und vorläufig wieder schließt (raupenloser Besuch). Er tauschte nun bei einigen Nestern den Inhalt aus, z. B. eine ältere Larve gegen eine jüngere. So fand er heraus, dass nur das Austauschen vor einem raupenlosen Besuch Reaktionen bei der Sandwespe hervorruft:

– Ein Ei bewirkt, dass keine weiteren Raupen eingetragen werden,
– eine frisch geschlüpfte Larve bewirkt das Eintragen von 1 bis 3 Raupen,
– eine ältere Larve löst einen »Vielraupentag» mit endgültigem Verschließen des Nests aus,
– eine sich einspinnende Larve das sofortige endgültige Verschließen des Nests.

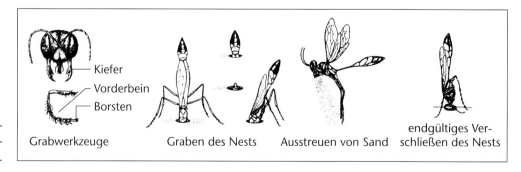

Körperbau und Verhaltensweisen der Sandwespe beim Nestbau.

Kiefer
Vorderbein
Borsten

Grabwerkzeuge   Graben des Nests   Ausstreuen von Sand   endgültiges Verschließen des Nests

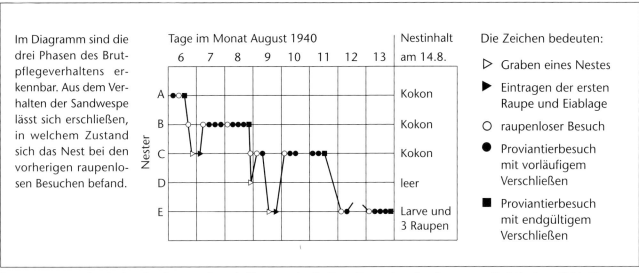

Im Diagramm sind die drei Phasen des Brutpflegeverhaltens erkennbar. Aus dem Verhalten der Sandwespe lässt sich erschließen, in welchem Zustand sich das Nest bei den vorherigen raupenlosen Besuchen befand.

Tage im Monat August 1940

Nestinhalt am 14.8.

Die Zeichen bedeuten:

▷ Graben eines Nestes

▶ Eintragen der ersten Raupe und Eiablage

○ raupenloser Besuch

● Proviantierbesuch mit vorläufigem Verschließen

■ Proviantierbesuch mit endgültigem Verschließen

Brutversorgung durch eine Sandwespe: Protokolliert wurde die Brutpflege einer Sandwespe an fünf Nestern (A bis E) vom 6. bis 13. August 1940.

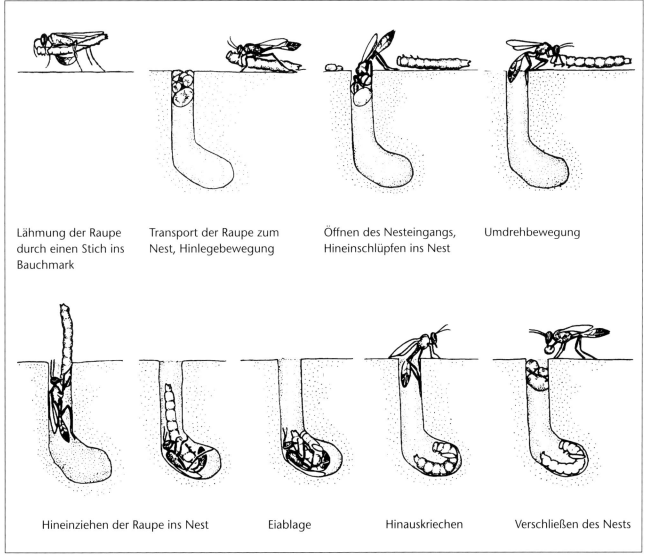

Lähmung der Raupe durch einen Stich ins Bauchmark

Transport der Raupe zum Nest, Hinlegebewegung

Öffnen des Nesteingangs, Hineinschlüpfen ins Nest

Umdrehbewegung

Hineinziehen der Raupe ins Nest

Eiablage

Hinauskriechen

Verschließen des Nests

Erste Phase der Brutpflege: Eintrag einer Raupe, Eiablage und Verschließen des Nests.

Wespen mit und ohne Taille

Taillenwespe

Anders als bei den Bienen werden mit dem Namen Wespe viele verschiedene und vielfältige Gruppen bezeichnet. Wespen sind im Gegensatz zu Bienen Allesfresser: Sie vertilgen in großer Anzahl andere Insekten.

Taillenwespen besitzen im Gegensatz zu Pflanzenwespen einen auffällig verschmälerten Abschnitt zwischen Brust und Hinterleib (Taille). Zu ihnen gehören auch die bekanntesten Wespen, die Faltenwespen.

Grabwespen fallen auf, wenn sie Beutetiere wie Raupen, Fliegen oder Spinnen in Erdhöhlen eintragen. Zu ihnen gehören auch die Sandwespen.

Brutpflegeverhalten → S. 38

Gemeine Sandwespe

Grabwespe. Man beachte die Grabbeine.

Goldwespen und Schlupfwespen legen ihre Eier in oder an Insektenlarven, die von den Wespenlarven von innen her aufgefressen werden.

Ichneumon → S. 135

Goldwespe

Wehrhafte Schlupfwespe

Die Hornisse ist mit bis zu 4 cm Länge die größte in Deutschland lebende Art der Faltenwespen.

Friedliche Riesen

Dass sieben Hornissenstiche ein Pferd töten könnten, ist Unsinn. Der Stich von Hornissen ist weder giftiger noch schmerzhafter als der anderer Faltenwespen. Hornissen stechen fast nie. Andere Faltenwespen tun dies, wenn sie sich in Kleidungsstücken verfangen oder das Nest angegriffen wird. Hornissen bauen ihr Nest in Baumhöhlen. Die Beute der Hornissen besteht zu 90 % aus Fliegen. Sie jagen die Fliegen am Boden sitzend, im Sprung oder im Tiefflug. Man kann sie bei der Jagd an Stellen beobachten, wo sich viele Fliegen aufhalten, z. B. am Komposthaufen.

Die Färbung von Wespen variiert von braun und schwarz über grün und rot bis hin zur bekannten schwarz-gelben Warnfarbe der Faltenwespen. Auch Pflanzenwespen können schwarz-gelb tragen. Der breit an der Brust ansetzende Hinterleib unterscheidet sie jedoch deutlich von ähnlich gefärbten und etwa gleich großen Grabwespen.

Die artenreichste Gruppe der Pflanzenwespen sind die Blattwespen, deren Larven ähnlich wie Raupen aussehen und an Nutzpflanzen Schaden anrichten können. Die Blattwespen sind häufig räuberisch und ernähren sich von kleinen Insekten und Insektenlarven. Auch bei ihnen zeigt die Taille, zu welcher Wespengruppe die Tiere gehören.

Pflanzenwespe

Schwarz-gelbe Blattwespe

Grüne Blattwespe

Glanzwespe

Birken-Keulenhornwespe

Stachelbewehrt, aber harmlos

Die Riesenholzwespe fällt durch die Größe, den langen Legestachel und ihr lautes Brummen auf. Entgegen ihrem furchterregenden Erscheinungsbild ist sie völlig harmlos. Sie kann gar nicht stechen. Wie bei den Schlupfwespen dient der riesige Stachel der Ablage der Eier tief in das Holz, wo sich die Larven entwickeln. Man findet Holzwespen daher häufig in der Nähe von geschlagenen Kiefern und Fichtenstämmen. Aus eingelagertem Brennholz oder frischem Bauholz schlüpfen zuweilen zahlreiche Holzwespen, die aber keinen Schaden anrichten.

Riesenholzwespe

Näher betrachtet: Wespen

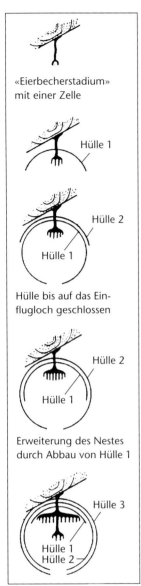

«Eierbecherstadium» mit einer Zelle

Hülle 1

Hülle 2
Hülle 1

Hülle bis auf das Einflugloch geschlossen

Hülle 2
Hülle 1

Erweiterung des Nestes durch Abbau von Hülle 1

Hülle 3
Hülle 1
Hülle 2

Stadien beim Bau eines Wespennests. Als Baumaterial dient vorwiegend Holz, das z. B. von Brettern abgenagt, zerkaut und mit Speichelleim zu Papier geknetet wird.

Wespen sind schwarz-gelb gefärbt, stechen schmerzhaft und gehen an Süßes? Die meisten Wespen sehen anders aus und verhalten sich auch anders.

«Die» Wespe gibt es nämlich ebenso wenig wie «die» Biene. Meist meint man mit «Wespe» eine Faltenwespe, von denen es in Deutschland mehrere verschiedene Arten gibt. Von der Honigbiene unterscheiden sich die Faltenwespen nicht nur durch das schwarz-gelbe Warnkleid. Honigbienen zeigen nur etwas hellere Binden auf dem braunen Hinterleib.

Im August, wenn die Wespenvölker ihre größte Individuenzahl erreicht haben und die Geschlechtstiere schlüpfen, fallen die Faltenwespen stärker auf.

Im Gegensatz zu denen der Honigbiene überwintern die Völker der Faltenwespen nicht. Den Winter überleben nur die begatteten Königinnen, die im Frühjahr einen neuen Staat begründen.

Von den einheimischen Faltenwespen gehen lediglich zwei Arten, die Deutsche und die Gemeine Wespe, an süße Speisen. Anders als die Honigbienen können Faltenwespen ihren Nestmitgliedern den Ort einer ergiebigen Nahrungsquelle nicht mitteilen, sie können sich ihn aber sehr genau einprägen. Dass die Deutsche Wespe ein gutes Ortsgedächtnis hat, zeigt die folgende Beobachtung:

Eine Deutsche Wespe fliegt zu einem Glas, trinkt von dem Saftrest am Boden. Beim Wegfliegen dreht sie eine kurze Schleife. Beim Wiederkommen landet sie punktgenau auf dem Glas. Sie fliegt dieses Mal ohne Schleife weg. Wird das Glas um etwa 20 cm verschoben, landet sie an dem Ort, an dem das Glas vorher stand, und findet es erst nach kurzem Suchen. Beim Abflug

macht sie wieder eine kleine Schleife. Diese Schleife beim Abflug dient der Wespe dazu, sich die Umgebung der Nahrungsquelle einzuprägen. Beim nächsten Anflug landet sie wieder genau auf dem Glas. Ein einziger Orientierungsflug genügt ihr, um den Ort des Glases zentimetergenau wiederzufinden.

Manchmal kann man einzelne Wespen an ihrem Verhalten identifizieren. Bei der geschilderten Beobachtung konnten zwei Wespen dadurch individuell erkannt werden, dass die eine stets auf dem Rand des Glases landete und dann hinunterlief, während die andere senkrecht wie ein Hubschrauber fliegend den Boden des Glases erreichte.

Sammeln von Wespennestern
Wespennester sind ab November oder Dezember von den Bewohnern verlassen und werden nicht mehr benutzt. Man kann sie daher gefahrlos vom Standort entfernen und untersuchen.

Es lohnt sich, gut erhaltene Nester verschiedener Arten zu sammeln. Zum Aufbewahren werden sie in einem Wärmeschrank oder im Backofen bei 50 °C getrocknet und danach mit einem Haarspray eingesprüht, um sie so elastisch gegen Druck zu machen und vor Feuchtigkeit und Zersetzung zu schützen. Größe, Form und Fundort sowie tote Wespen in der Nähe des Nests geben Aufschluss über die Wespenart. Die Nester werden mit Angaben über Wespenart, Fundort und Datum versehen.

Beschädigte Nester können als Querschnittspräparat hergerichtet werden. An ihnen können der Aufbau des Nestes betrachtet und die Größe des Volkes abgeschätzt werden.

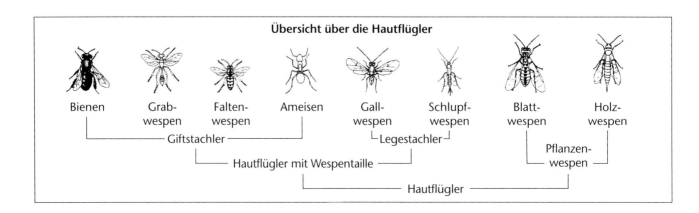

Übersicht über die Hautflügler

Bienen — Grabwespen — Faltenwespen — Ameisen — Gallwespen — Schlupfwespen — Blattwespen — Holzwespen

Giftstachler

Legestachler

Hautflügler mit Wespentaille

Pflanzenwespen

Hautflügler

Faltenwespen erkennen

Abstand vom unteren Augenrand zum Oberkiefer	weit				eng		
Gattung	Langkopfwespen				Kurzkopfwespen		
Färbung der Augenbucht					ganz gelb ausgefüllt		nur unten ein gelber Strich
Färbung des 2. Hinterleibsrings seitlich	gelb	rot	gelb				rot
Art	Sächsische Wespe	Norwegische Wespe	Waldwespe	Mittlere Wespe	Gemeine Wespe	Deutsche Wespe	Rote Wespe
Gesicht von vorn							
Kopfschild	mit schwarzer Zeichnung	mit schwarzer Zeichnung	ganz gelb oder mit kleinem Punkt oder Strich	gelb mit schmalem schwarzen Strich	mit schwarzer Zeichnung	mit 1–3 schwarzen Punkten	mit schwarzer Zeichnung
Größe	12–15 mm	12–15 mm	12–15 mm	18–20 mm	12–15 mm	13–16 mm	12–15 mm
Nest	freihängend, immer oberirdisch, in Holzschuppen, Dachböden, kinderkopfgroß, oft grau gestreift	fast immer im Freien, meist in dichtem Buschwerk	ober- oder unterirdisch, kugel- oder zitronenförmig, oft gelblich, Hüllenschichten außen kürzer	freihängend in Bäumen, Gebüsch (z. B. Rhododendron), kugelig, gelblich mit Eingangsstutzen	unter- oder oberirdisch, meist in geschlossenen Hohlräumen, gelbbraune, spröde Nesthülle	ober- oder unterirdisch, nur in geschlossenen Hohlräumen, kürbisgroße Nester mit bis zu 10 Waben, aschgrau	fast immer unterirdisch, meist kleine Nester mit bis zu 3 Waben
Sonstiges	häufigste Langkopfwespe bei uns, Blütenbestäuber, fliegt nicht ins Haus und an Süßes	selten im Flachland, sehr friedlich, Blütenbestäuber, schutzbedürftig	Blütenbesucher (Dolden); entgegen dem Namen selten im Wald	seltene Art, geschützt	weltweit verbreitete Art, im Siedlungsbereich des Menschen oft lästig, geht an Süßes		harmlose Blütenbesucher

Dickkopffliegen gehören zu den wenigen Fliegen, die längere Fühler haben, die aber stets starr nach vorn gerichtet sind.

Dickkopffliege

Gold-Schmeißfliege

Blattlaus-Schwebfliege

Hummelschweber

Schwebfliegen → S. 37

Raupenfliege → S. 134

Bohrfliege → S. 69

Schnepfenfliege → S. 73

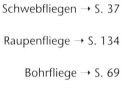

Mörder-Raubfliege

Goldaugen-Bremse

Schnaken gehören zu den Mücken, stechen aber nicht. Die beiden Schwingkölbchen sind deutlich zu erkennen.

Wiesenschnake

Die Märzfliege gehört zu den Haarmücken.

Fliegen –
und solche, die
nur so heißen

Viele fliegende Insekten tragen in ihrem Namen das Wort «Fliege». Fliegen allein macht aber keine Fliege!

Florfliege

Köcherfliege. Der Name bezieht sich auf die Gehäuse der Larven. Die Bezeichnung «Wassermotte» ist treffender.

Wirkliche Fliegen sind wie die Mücken Zweiflügler. Es gibt eine große Vielfalt von den großen behaarten Raubfliegen über die stechenden Bremsen bis zu den blütenbesuchenden Schwebfliegen. Zuweilen kann man die Schwingkölbchen erkennen, zu denen ihre Hinterflügel umgewandelt sind. Mücken und Fliegen kann man meist an der Gestalt und an ihren Fühlern unterscheiden, die bei Fliegen kurz und stummelförmig, bei Mücken länger und oft mit Borsten besetzt sind.

Bei den Namensvettern der Fliegen ist leicht zu erkennen, dass sie vier Flügel besitzen und schon deshalb nicht zu den Zweiflüglern gezählt werden können.

Charakteristisch für die einzelnen Gruppen sind ihre Larven. Die Köcherfliegen haben ihren Namen von den wasserbewohnenden Larven, die sich aus Steinchen oder Sand einen Köcher als schützendes Gehäuse bauen. Einige ihrer Larven leben aber auch ohne Köcher am Boden der Gewässer oder versteckt zwischen Wasserpflanzen

Auch die Larven von Stein-, Eintags- und Schlammfliegen entwickeln sich in Gewässern. Dagegen leben die Larven der Florfliegen und Schnabelfliegen an Land. Florfliegenlarven sind wie die erwachsenen Tiere Blattlausfresser. Florfliegen kommen besonders bei Neubauten gern in Wohnungen, wo sie auch überwintern. Im Frühjahr muss man sie ins Freie entlassen. Die Schnabelfliegen haben einen schnabelartig verlängerten Kopf, an dessen Ende die Mundwerkzeuge zu erkennen sind. Ihre Larven ähneln Raupen und entwickeln sich im Boden. Wegen der Verdickung am Hinterleib der Männchen heißen Schnabelfliegen auch Skorpionsfliegen.

Schlammfliege

Männchen einer Schnabelfliege

Steinfliege

Eintagsfliege

Näher betrachtet: Fliegen

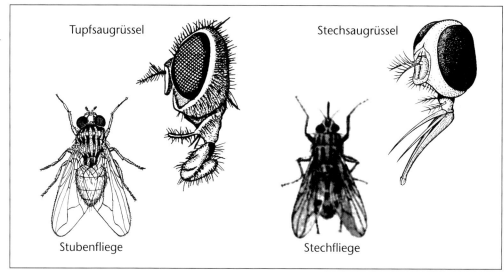

Tupfsaugrüssel

Stechsaugrüssel

Stubenfliege

Stechfliege

Große Stubenfliege und Gemeine Stechfliege. Beide Arten gehören zu den Echten Fliegen. Die Stechfliege hält die Flügel aber meist etwas gespreizter als die Stubenfliege.

Übersicht über Zweiflügler

Deckelnaht-Fliegen

Schmeißfliegen
Echte Fliegen
Schwebfliegen
Dickkopffliegen
Bohrfliegen

Kurzhörner-Fliegen

Schnepfenfliegen
Bremsen
Hummelschweber
Raubfliegen

Mücken

Schnaken
Stechmücken
Gnitzen
Zuckmücken
Haarmücken

Werden Stubenfliegen im Herbst bösartig und fangen an zu stechen? Tatsächlich sind es Stechfliegen, die bei zunehmender Kälte häufig in die Wohnungen eindringen und dann mit Stubenfliegen verwechselt werden können. Man kann beide Arten jedoch gut unterscheiden:

• Wenn sie sticht, ist sie eine Stechfliege!
• Spätestens beim Zuschlagen erkennt man die besondere Sorte: Stechfliegen haben einen harten schlagfesten Panzer, so dass sie einen Schlag meist überleben und erneut zustechen können.
• Will man schon vorher wissen, welche Fliege man vor sich hat, muss man ihr von oben auf den Kopf schauen: Bei der Stechfliege ist der nach vorne über den Kopf hinausragende Stechrüssel zu erkennen.

Madenkunde

Maden sind schon öfter Zeugen in Mordprozessen gewesen. Schmeißfliegen lieben frische Leichen – ob von Tieren oder vom Menschen. Sie stellen sich innerhalb von ein bis zwei Stunden ein. Anhand der Wetterbedingungen und des Entwicklungsstands der Maden kann der Todeszeitpunkt einer Leiche ziemlich genau bestimmt werden.
In anderer Weise machen sich steril gezogene Maden von Goldfliegen nützlich. Manche Wunden eitern so hartnäckig, dass keine Medikamente helfen. In diese Wunden werden die Maden der Goldfliegen gesetzt, die die Wunde reinigen, indem sie den Eiter und totes Gewebe einfach auffressen, aber das gesunde Gewebe nicht antasten.

Entwicklung einer Schmeißfliege. Von der Eiablage bis zum Schlüpfen der Maden vergehen 14 bis 16 Stunden, bis zur Verpuppung 10 bis 11 Tage.

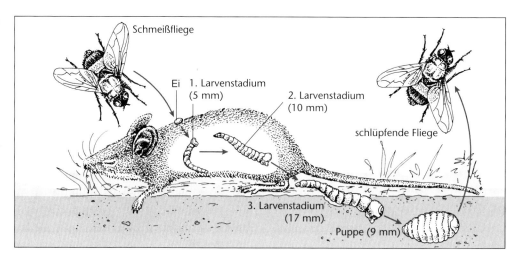

Schmeißfliege

Ei 1. Larvenstadium (5 mm)

2. Larvenstadium (10 mm)

schlüpfende Fliege

3. Larvenstadium (17 mm)

Puppe (9 mm)

Fliegen und ihre Namensvettern

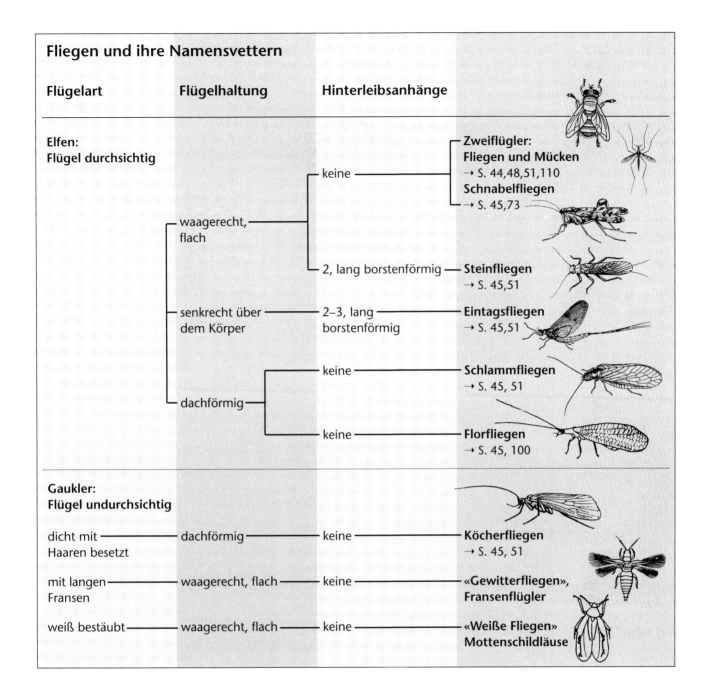

Flügelart	Flügelhaltung	Hinterleibsanhänge	
Elfen: **Flügel durchsichtig**			
	waagerecht, flach	keine	**Zweiflügler:** **Fliegen und Mücken** → S. 44, 48, 51, 110 **Schnabelfliegen** → S. 45, 73
		2, lang borstenförmig	**Steinfliegen** → S. 45, 51
	senkrecht über dem Körper	2–3, lang borstenförmig	**Eintagsfliegen** → S. 45, 51
	dachförmig	keine	**Schlammfliegen** → S. 45, 51
		keine	**Florfliegen** → S. 45, 100
Gaukler: **Flügel undurchsichtig**			
dicht mit Haaren besetzt	dachförmig	keine	**Köcherfliegen** → S. 45, 51
mit langen Fransen	waagerecht, flach	keine	**«Gewitterfliegen»,** **Fransenflügler**
weiß bestäubt	waagerecht, flach	keine	**«Weiße Fliegen»** **Mottenschildläuse**

Die nur so genannten «Fliegen» bilden jeweils eigene große Gruppen mit vielen Hundert Arten. Im Deutschen sind die Eintags-, Stein-, Köcher-, Schlamm-, Flor-, Schnabel- und die eigentlichen Fliegen solche nicht näher miteinander verwandten Namensvettern. In der englischen Alltagssprache gehören dem Namen nach auch die wehrhaften Großlibellen, die «dragonflies», und die Kleinlibellen als «damselflies» zu den Fliegen. Pflanzenwespen heißen im Englischen wegen der Löcher, die sie in das Holz sägen, «sawflies», und die Tagfalter saugen als «butterflies» Nektar und gärende Fruchtsäfte.

In der Umgangssprache kommen noch weitere Insekten hinzu. So heißen Mottenschildläuse auch «Weiße Fliegen», weil sie mehlig-weiß bestäubte Flügel haben. Bei Störungen setzen die «Weißen Fliegen» aber meist auf die Sprungkraft ihrer Hinterbeine: Starke Sprungmuskeln führen von der Brust zum Schenkelring. Und kleine schwarze Insekten, die die Gruppe der Fransenflügler oder Thripse bilden, werden auch «Gewitterfliegen» genannt, weil sie an schwülen Sommertagen vor Gewittern schwärmen und sich dann häufig massenweise auf Kleidung, Arme und Beine setzen.

Am und im Gewässer

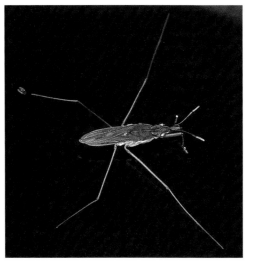
Wasserläufer

Insekten sind geborene Landtiere – und so benehmen sie sich auch am und im Wasser. Bevor sie sich an Land bewegen oder in die Luft schwingen, verbringen viele zuerst ein Leben unter Wasser.

Wasserläufer benutzen die Wasseroberfläche als Rennpiste und Jagdgebiet. Kleine Wasser abstoßende Härchen an ihren Füßen verhindern, dass sie einsinken; die Spannung der Wasseroberfläche trägt sie mit Leichtigkeit. Wasserläufer sind Landwanzen, die die Wasseroberfläche gleich-

Schilfkäfer gehören zu der artenreichen Gruppe der Blattkäfer → S. 20

Schilfkäfer an einer Segge

Männchen der Zuckmücken sind an den büschelförmigen Fühlern zu erkennen. Zuckmücken stechen nicht. Ihre roten Larven sind ein beliebtes Futter für Aquarienfische.

Männchen einer Zuckmücke

Kurzflügelige Schwertschrecke

sam zum Land gemacht haben. Sie sind die einzige Gruppe von Insekten, die – als Läufer auf der Oberfläche – auch das Meer besiedelt hat. Alle übrigen Wasserinsekten leben in und an Süßgewässern.

Eintagsfliegen, Libellen, Schlammfliegen, Steinfliegen und die meisten Köcherfliegenarten verbringen ihre Larvenzeit zwar im Wasser, dass die Larven jedoch eigentlich Landtiere sind, verraten sie dadurch, dass sie – von wenigen Ausnahmen abgesehen – durch Tracheen atmen. Die Luftröhrchen sind durch eine dünne Haut abgeschlossen, so dass sie nicht voll Wasser laufen können (Tracheenkiemen). Durch das Häutchen wandert die im Wasser gelöste Luft in die Tracheen (Diffusion). So atmen Insektenlarven unter Wasser Luft.

Unter den ausgewachsenen Insekten sind nur Wasserwanzen und einige Käfer zu Wasserbewohnern geworden. Sie fliegen nur noch, wenn sie ein neues Gewässer aufsuchen. Wie Landinsekten atmen sie durch Tracheen. Unter Wasser tragen sie einen Luftvorrat mit sich.

Ruderwanzen und Rückenschwimmer umgibt ein dichtes Haarkleid, in dem die Luft beim Untertauchen festgehalten wird. Die mitgenommene Luft ist an den unter Wasser silbrig glänzenden Körperteilen zu erkennen. Schwimmkäfer tragen die Luft unter den Flügeldecken mit sich. Der Luftvorrat muss von Zeit zu Zeit erneuert werden, wenn der Sauerstoff verbraucht ist. Dann holen sich die Tiere neue Luft an der Oberfläche. Der Wasserskorpion stößt dazu das Atemrohr an seinem hinteren Ende durch die Wasserhaut.

Paarungsrad der Hufeisen-Azurjungfer

Rückenschwimmer und Schwimmkäfer sind Räuber, die Kleintiere erbeuten. Andere Insekten, wie die Schilfkäfer, ernähren sich ausschließlich von Wasserpflanzen. Die Kurzflügelige Schwertschrecke ist ein Allesfresser. Sie frisst kleine Insekten und zarte Pflanzenteile.

Libellen → S. 53
Köcherfliege, Eintagsfliege, Steinfliege, Schlammfliege → S. 45
Die zwei Leben der Eintagsfliege → S. 99

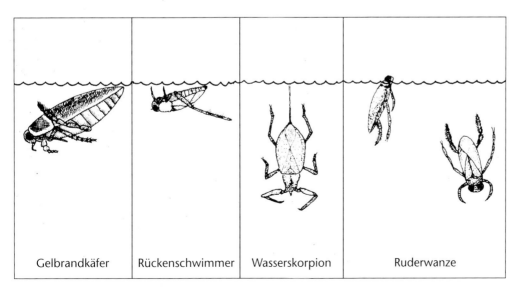

| Gelbrandkäfer | Rückenschwimmer | Wasserskorpion | Ruderwanze |

Luftholen bei Schwimmkäfern und Wasserwanzen

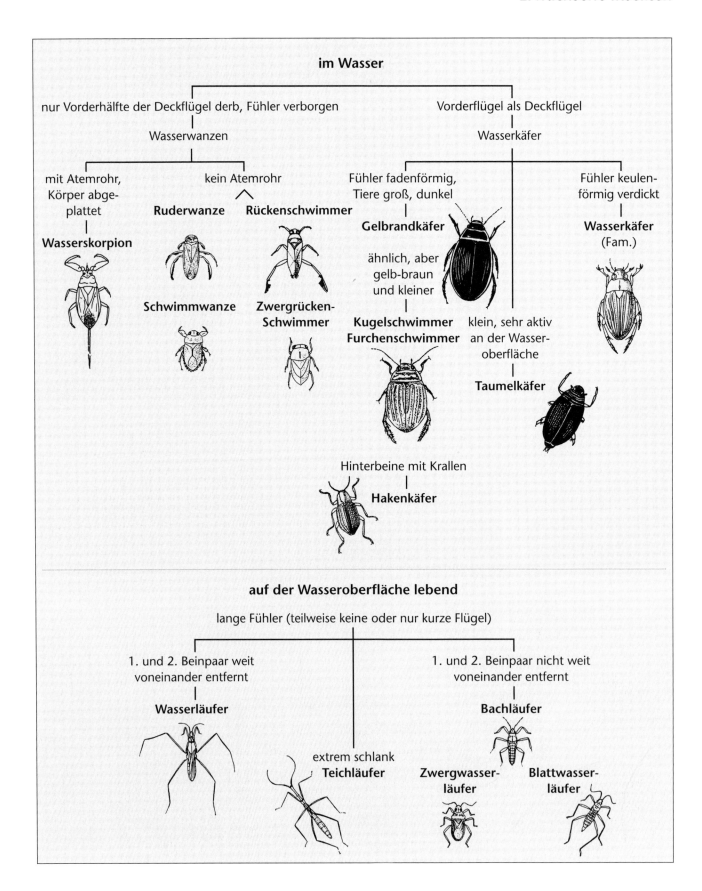

im Wasser

nur Vorderhälfte der Deckflügel derb, Fühler verborgen

Wasserwanzen

Vorderflügel als Deckflügel

Wasserkäfer

mit Atemrohr,
Körper abge-
plattet

Wasserskorpion

kein Atemrohr

Ruderwanze

Rückenschwimmer

Schwimmwanze

**Zwergrücken-
Schwimmer**

Fühler fadenförmig,
Tiere groß, dunkel

Gelbrandkäfer

ähnlich, aber
gelb-braun
und kleiner

**Kugelschwimmer
Furchenschwimmer**

klein, sehr aktiv
an der Wasser-
oberfläche

Taumelkäfer

Fühler keulen-
förmig verdickt

Wasserkäfer
(Fam.)

Hinterbeine mit Krallen

Hakenkäfer

auf der Wasseroberfläche lebend

lange Fühler (teilweise keine oder nur kurze Flügel)

1. und 2. Beinpaar weit
voneinander entfernt

Wasserläufer

extrem schlank
Teichläufer

1. und 2. Beinpaar nicht weit
voneinander entfernt

Bachläufer

**Zwergwasser-
läufer**

**Blattwasser-
läufer**

Wasserinsekten erkennen

Larven

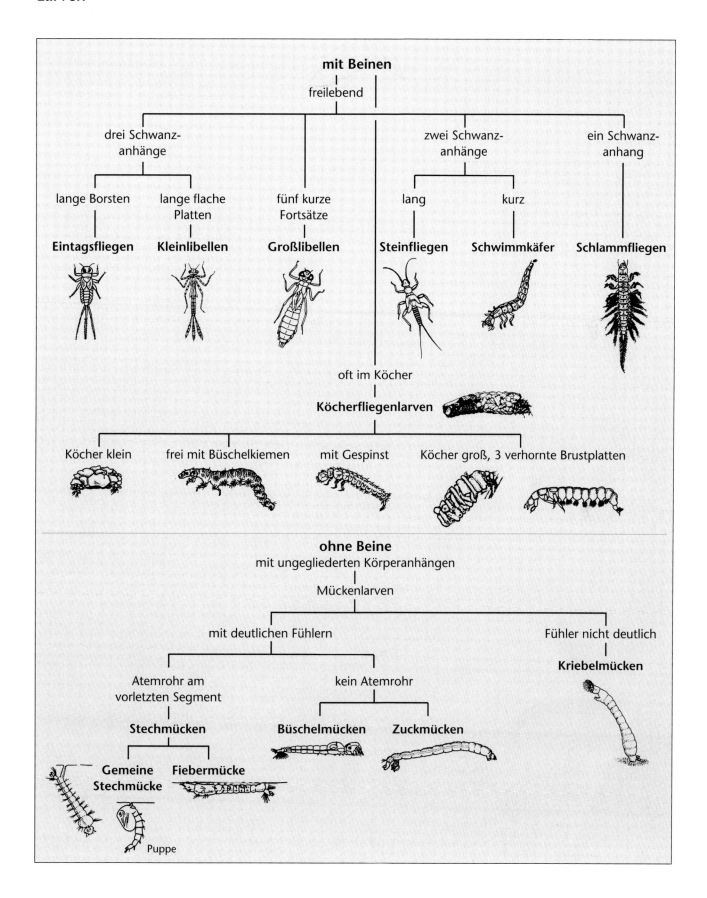

mit Beinen

freilebend

drei Schwanz-anhänge | **zwei Schwanz-anhänge** | **ein Schwanz-anhang**

lange Borsten | lange flache Platten | fünf kurze Fortsätze | lang | kurz

Eintagsfliegen | **Kleinlibellen** | **Großlibellen** | **Steinfliegen** | **Schwimmkäfer** | **Schlammfliegen**

oft im Köcher

Köcherfliegenlarven

Köcher klein | frei mit Büschelkiemen | mit Gespinst | Köcher groß, 3 verhornte Brustplatten

ohne Beine

mit ungegliederten Körperanhängen

Mückenlarven

mit deutlichen Fühlern | Fühler nicht deutlich

Kriebelmücken

Atemrohr am vorletzten Segment | kein Atemrohr

Stechmücken | **Büschelmücken** | **Zuckmücken**

Gemeine Stechmücke | **Fiebermücke**

Puppe

Drachenflieger: Libellen

Vorwärts, rückwärts, senkrecht nach oben fliegen, auf der Stelle stehen und blitzschnell die Richtung ändern. Kunstflüge kann eine Libelle ohne Mühe aus den Flügelgelenken schütteln.

Großlibelle.
Die Hinterflügel sind ein-
gebuchtet. Die Augen
stoßen aneinander. Die
Flügel sind in der Ruhe
waagerecht ausgebreitet.

Vierfleck

Keiljungfer

Prachtlibelle

Libellen sind meist schlanke, schön gefärbte Insekten, die mit ihren zarten gläsernen Flügel das Urbild der Elfen verkörpern. Namen wie «Jungfer» und «Gottespferdchen» umschreiben diesen Charakter. Dagegen leiten «Teufelsnadel» und «Pferdestecher» fehl: Stechen können Libellen nicht. An ihren langen Hinterleibern tragen sie nur kleine Stifte.

Libellen sind geborene Flieger und einzigartig an das Luftleben angepasst. Sie sind Beutegreifer, die ihre Opfer im rasanten Flug schlagen. In dieser Hinsicht sind sie mit dem Wanderfalken vergleichbar. Als Fänge dienen ihnen die drei Beinpaare, die mit Borsten und Dornen wie ein Fangkorb wirken. Mit den Vorderbeinen wird die Beute ergriffen, zu den kräftigen Kiefern gereicht und häufig noch im Flug verzehrt. Bei vielen Arten werden selbst die Begattung und die Eiablage fliegend erledigt. Hierfür gibt es keine Parallelen bei den Vögeln.

Die Flügel der Libellen besitzen einzig unter den Insekten eine direkt ansetzende Flugmuskulatur. Alle vier können unabhängig voneinander bewegt werden.

Kleinlibellen sind Meister im Hindernisfliegen, was ihnen im Pflanzendickicht der Uferpflanzen zugute kommt. Im Geradeausflug bewegen sie ihre Flügel gegensinnig. Wenn das vordere Paar abwärts schlägt, schlägt das hintere aufwärts. Dadurch kommt ihr gleichmäßiger Flug zustande. Sie können etwa 10 km/h fliegen. Großlibellen fliegen mit einer Spitzengeschwindigkeit von 40 km/h und können außerdem schnell beschleunigen: in nur 0,3 Sekunden von 0 auf 15 km/h.

Eine wichtige Rolle beim Fliegen spielen die kurzen Fühler. Der Flugwind übt Scherkräfte auf sie aus, durch die die Sinneszellen an der Wurzel der Fühler gereizt und erregt

werden. So können Libellen ihre Flugge-
schwindigkeit und die herrschende Wind-
geschwindigkeit messen. Ohne Fühler werden sie hilflos vom Wind verdriftet.

Wie die Vögel sind die Libellen Augentiere. Ihre riesigen Facettenaugen bestehen
aus bis zu 30 000 Einzelaugen. Diese sind
bei Großlibellen in der oberen Hälfte
größer und oft anders gefärbt als in der unteren. Mit dem unteren Teil können diese
Libellen schärfer, mit dem oberen weiter
sehen, was beim schnellen Fliegen sehr
wichtig ist. So nehmen einige Arten Beutetiere schon aus 8 m Entfernung wahr,
während andere nur etwa 60 cm weit sehen können. Libellen haben dabei ein 10-
bis 20mal größeres zeitliches Auflösungs-
vermögen als der Mensch, d. h. sie sehen
200 bis 400 Bilder pro Sekunde. Damit erkennen sie Bewegungen, die Menschen
nur in Zeitlupe verfolgen können.

Die Beine der Libellen sind zum Laufen
kaum geeignet, sie dienen nur zum Sitzen
und Festkrallen. Darin gleichen die Libellen den Mauerseglern; anders als diese
benötigen sie aber keinen erhöhten Start-
platz zum Losfliegen, sondern können sich
mühelos vom Boden erheben.

Außergewöhnlich ist die Zweiteilung der
männlichen Geschlechtsorgane in die Ge-
schlechtsöffnung im letzten Glied des Hinterleibs und die Mündung des Samen-
behälters kurz hinter der Brust. Vor der
Begattung wird der Samen vom Männchen in seinen Samenbehälter übertragen.
Dazu biegt es den Hinterleib nach vorne.

Kleinlibelle.
Die Vorder- und Hinter-
flügel haben die gleiche
Gestalt. Die Augen
stoßen nicht aneinander.
Die Flügel werden in Ru-
he meist senkrecht über
dem Körper gehalten.

Samentransport und Paa-
rung in der Luft → S. 54

Frühe Adonislibelle

Man sehe, wie verliebt die Gottespferdchen sich paaren und sage mir, ob die
Venus bei irgendeiner Gattung ähnliche
Ehegesetze verordnet habe. Ein verlieb-
tes Männchen flieget und schwenket sich
in der Luft hin und her mit seinem ge-
spaltenen Sterze, der einer Zange ähnlich
sieht. Sobald er seiner Liebsten gewahr
wird, fällt er ihr mit dem Sterze um den
Hals, sie folget gezwungen nach, und,
um ihn von sich zu stoßen, biegt sie den
Sterz krumm unter sich an die Brust des
Männchens (gerade da, wo die Venus
seine Liebespfeile verborgen hat) und
wird also mit Gewalt gleichsam ohne Gewalt überwunden.

Carl von Linné: Rede von Merkwürdigkeiten
an den Insekten, 1739

Paarungsrad der Kleinen Moosjungfer

Näher betrachtet: Libellen

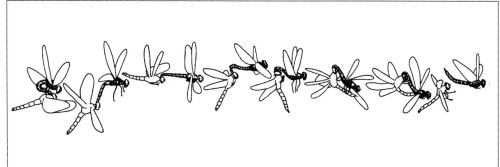

Füllung des Samen-
behälters und Begattung
im Flug beim Großen
Blaupfeil.

Selbst ein kleiner Garten- oder Schulteich lockt bei entsprechender Bepflanzung nach kurzer Zeit Libellen an. Für Libellenlarven ist besonders eine Flachwasserzone mit Wasserpflanzen wichtig, sowie eine in Stufen abfallende Tiefwasserzone von etwa 1,20 Tiefe, die nicht zufriert und so die Überwinterung der Larven ermöglicht. Bis jedoch Libellenlarven zu beobachten sind und schließlich Libellen im Teich selbst herangewachsen sind, muss man etwas Geduld haben, da z. B. Azurjungfern erst im nächsten Sommer, Mosaikjungfern sogar erst nach 2 bis 3 Jahren schlüpfen.

Libellen können nicht nur schnell, sondern auch weit fliegen. Deshalb kann man sie weit entfernt von Gewässern antreffen.

Obwohl auf Helgoland keine Libellen heimisch sind, wurden auf der Insel doch Exemplare von etwa 30 Libellenarten angetroffen, die über die Nordsee 40 km ohne Zwischenlandung zurückgelegt haben müssen.

Die Larven der Libellen haben ein eigentümliches Fanggerät, das als Fangmaske bezeichnet wird. Dieses einklappbare Mundwerkzeug kann blitzschnell vorschnellen und Beutetiere ergreifen. Die Flügelscheiden nehmen mit jedem Larvenstadium an Größe zu. Das letzte Stadium wird als Nymphe bezeichnet. Vor dem Schlüpfen der Libelle klettert die Nymphe am Stängel einer Pflanze aus dem Wasser.

Mit den Waffen einer Jungfer

Ein Naturfilmer beobachtete, wie 30 Männchen der Moosjungfer ein einziges Weibchen verfolgten.

Schließlich gelang es einem der Männchen, das Weibchen mit den Zangen seines Hinterleibs hinter dem Kopf zu umgreifen. Das Pärchen bildete daraufhin das charakteristische Paarungsrad. In dieser Haltung flog es nach der Begattung auch zur Eiablage. Mehrfach versuchten andere Männchen am Weibchen anzukoppeln und das erste Männchen zu verdrängen. Dem angegriffenen Paar gelang es aber meist zu fliehen.

Zeitlupenaufnahmen offenbarten die weibliche Geheimwaffe, mit der die angreifenden Männchen abgewehrt werden: Sobald ein Männchen das Paarungsrad angreift, stößt das Weibchen dem Angreifer seine stacheltragenden Vorderbeine entgegen.

Inzwischen konnte dieses Abwehrverhalten auch bei anderen Libellenarten beobachtet werden.

Das Weibchen handelt nicht aus «Liebe» zum mit ihm verkoppelten Männchen, sondern aus Eigennutz: Wenn es ihm gelingt, angreifende Männchen abzuwehren, kann es danach ungestört seine Eier ablegen. Wenn das Männchen sein Weibchen zur Eiablage begleitet und es verteidigt, hat es größere Chancen, eigene Nachkommen zu haben.

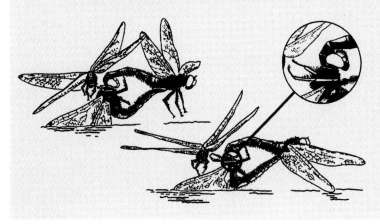

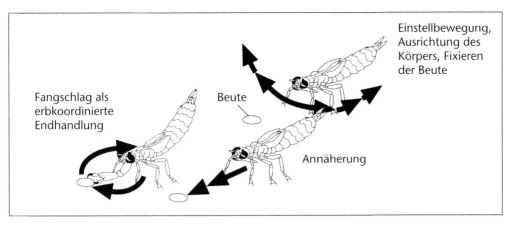

Einstellbewegung, Ausrichtung des Körpers, Fixieren der Beute

Fangschlag als erbkoordinierte Endhandlung

Beute

Annäherung

Beutefangverhalten der Larve einer Mosaikjungfer. Es läßt sich durch kleine Kugelattrappen auslösen, die man an einem Draht etwa 1 cm vor der Larve im Halbkreis zickzackförmig hin und her bewegt.

Konkurrenz der Männchen bei Binsenjungfern

Die weiblichen Binsenjungfern kommen nur zur Paarung und Eiablage an Gewässer, wo man sie im Sommer gut beobachten kann. Am späten Vormittag fliegen sie aus Wäldern zum Fortpflanzungsgewässer. Die Männchen besetzen exponierte Plätze auf Bäumen in Ufernähe. Sie jagen nach kleinen Insekten und suchen nach Weibchen.

Hat ein Männchen ein Weibchen gefunden und ergriffen, erfolgt die Paarung in der dichten Ufervegetation. Während die Partner bei der Begattung das Libellenrad bilden, zeigt der Hinterleib des Männchens starke Pumpbewegungen. Mit diesen Pumpbewegungen wird das Sperma fremder Männchen aus dem Samenbehälter des Weibchens entfernt. Nach einer kurzen Pause fliegen die Partner im Tandem zu den Eiablageplätzen. Das sind meist sonnenbeschienene Zweige von Weichhölzern oder locker stehende Binsen, die über dem Wasser hängen bzw. daraus hervorragen.

Die ankommenden Tandems werden häufig von unverpaarten Männchen belästigt. Einzelne Männchen fliegen ein Tandem an und versuchen es zu trennen. Das Tandem-Männchen versucht den Angreifer durch Flügelschläge abzuwehren, das Weibchen verhält sich derweil ruhig.

Gelingt es dem angreifenden Männchen das Paar zu trennen und so das Weibchen zu erobern, dann kommt es zu einer neuen Paarung im Libellenrad. Es sind dann wieder die Pumpbewegungen zu sehen, mit denen das neue Männchen den Samenbehälter des Weibchens entleert, bevor es seinen eigenen Samen hineingibt.

Das Verhalten der Libellen ist ein Musterbeispiel dafür, dass das Verhalten der Tiere nicht altruistisch auf die Erhaltung der Art, sondern eigennützig auf den eigenen Fortpflanzungserfolg ausgerichtet ist. Entsprechend verhalten sich Weibchen und Männchen des Tandems bei einem Angriff.

Ein fremdes Männchen (♂) greift ein Tandem an und trennt es. Anschließend vereinigt es sich selbst mit dem Weibchen zu einem neuen Tandem.

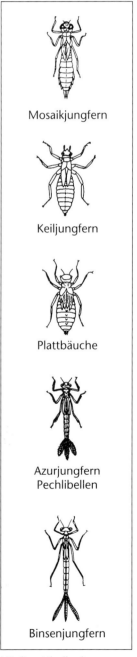

Mosaikjungfern

Keiljungfern

Plattbäuche

Azurjungfern
Pechlibellen

Binsenjungfern

häufige Libellenlarven

Fliegende Blüten: Schmetterlinge

Schmetterlinge ähneln Blüten. Mit bunten Flügeln tragen sie die Farbenpracht der Sommerblumen gleichsam in die Luft. Wirkliche Blüten bilden die Grundlage für das Leben der Falter.

Sommervögel

Mit ihren farbigen Kleidern und ihrem langsamen Flug sind die Tagfalter das Urbild der Gaukler. Außer zum Treffen der Geschlechtspartner dient der Flug der Schmetterlinge fast ausschließlich dem Blütenbesuch. Da sie mit ihren Rüsseln Pflanzenteile weder abbeißen noch anstechen oder anbohren können, sind sie völlig auf freiliegende flüssige Nahrung angewiesen.

Der Rüssel ist in Ruhe aufgerollt. Zum Saugen wird er durch Muskelzug und Hineinpressen von Blut entrollt. Dank der Länge ihrer Rüssel können Schmetterlinge ohne Mühe an den Nektar gelangen, der in tiefen Blütenröhren oder langen Spornen verborgen ist. Auf dem Umstand, dass sie früher beim Buttern gern die übrig bleibende Molke tranken, beruhen die alten Namen «Molkendiebe» und «Buttervögel». «Schmetterling» selbst bedeutet wahr-

Experiment zu den Farben der Flügel → S. 62

Dukatenfalter → S. 61

Messingeule → S. 16

scheinlich «Schmantling». Es ist von dem mitteldeutschen Wort «Schmetten» für Milchrahm abzuleiten.

Kennzeichen aller Schmetterlinge sind die Schuppen auf den Flügeln. Der wissenschaftliche Name der Gruppe (Lepidoptera) heißt übersetzt «Schuppenflügler». Die eng verwandten Köcherfliegen haben in der Regel Haare auf den Flügeln, ihr wissenschaftlicher Name (Trichoptera) bedeutet «Haarflügler».

Die Farben der Schmetterlingsflügel kommen auf zweierlei Weise zustande: Es gibt Pigmentfarben und Schillerfarben.

Pigmentschuppen können braune, rote, gelbe oder weiße Pigmente enthalten. In manchen Fällen nehmen die Raupen mit der Nahrung Pflanzenfarbstoffe auf, die später in die Schuppen der Falter eingelagert werden. Luft in den Schuppen lässt den Schmetterling weiß erscheinen, da das Licht total reflektiert wird. Nach demselben Prinzip entstehen die weiße Farbe des Schnees und weiße Blüten.

Schillerfarben, vor allem Grün und Blau, kommen durch die Feinstruktur der dünnen Schuppen zustande, durch die das Licht wiederholt reflektiert, gebrochen oder gestreut wird. Es sind physikalische Farben, die verschwinden, wenn man die Luft aus den Flügelschuppen entfernt. In vielen Fällen wirken bei den Farben der Schmetterlingsflügel Pigmente und Strukturen zusammen. So ist das Rotgelb des Dukatenfalters durch gelbe Pigmentschuppen und darüber liegende Schillerschuppen bedingt, die außerdem das eindringliche «Leuchten» der Farbe und das samtene Glänzen verursachen. Bei der Messingeule sind einige Schuppen zugleich als Pigment- und Schillerschuppe ausgebildet.

Tagpfauenauge an Wasserdost

Kleiner Fuchs

Damenbrett

Ockergelber Dickkopf

Admiral

Kaisermantel

Distelfalter

Schmetterlinge erkennen

Vfl = Vorderflügel, Hfl = Hinterflügel, US = Unterseite

 Ockergelber Dickkopf

 Malvendickkopf

auffällig breiter Kopf, kein weißer Augenring, Farbe nie blau oder rot

Dickkopffalter

weiß mit dunklen Adern
**Baum-
weißling**

gelb oder grünlich weiß
**Zitronen-
falter**

gelb/hell-orange, Vfl-Spitze dunkel
Postillon

weiß, Vfl-Spitze dunkel
**Kohl-
weißlinge**

Ritter

gelb mit dunkler Zeichnung
**Schwalben-
schwanz**

graubraun bis dunkel-braun
Ochsenauge

braun, orange-farbene Binden mit mehreren Augenflecken
Mohrenfalter

schwarzbraun mit hellen Flecken
Waldbrettspiel

weiß-gelb mit dunkler Zeichnung

Segelfalter

♀   ♂   US

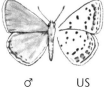

hellblau (♂) oder dunkelbraun mit orangenen Saum-flecken (♀)
Bläulinge

Dukatenfalter

ganz ode teilweis glänzen hellrot ode orang
**Kleiner
Feuerfalter**

schwarz/ hellgelber Rand
**Trauer-
mantel**

schwarz/ rot
Admiral

orange/ braun
US
C-Falter

ocker, Vfl-Spit-ze schwarz mit weißen Flecken
Distelfalter

dunkle Zeich-nung flecken-artig aufge-löst, US mit Silberflecken
Perlmutterfalter
US

breite, dunkle Li-nien bilden ein regelmäßiges Git-ter, US typische Fleckenzeichnung
US
Scheckenfalter

ocker, Hfl mit kleiner Spitze

(Frühjahrs-generation)
Landkärtchen

schwar we

(Somme generatior
Landkärtche

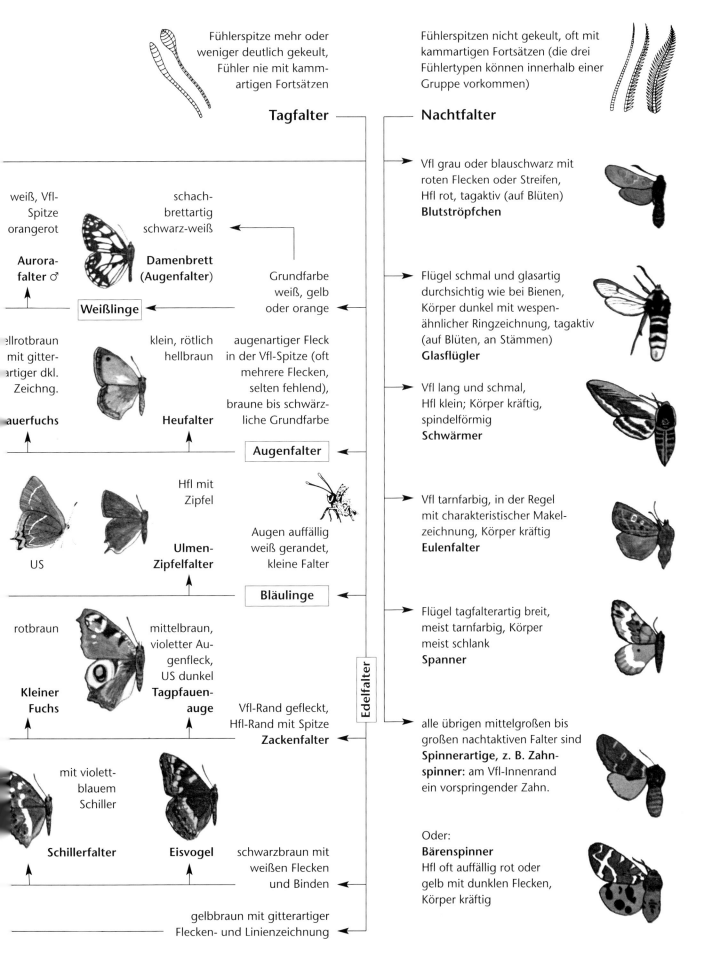

Fühlerspitze mehr oder weniger deutlich gekeult, Fühler nie mit kammartigen Fortsätzen

Fühlerspitzen nicht gekeult, oft mit kammartigen Fortsätzen (die drei Fühlertypen können innerhalb einer Gruppe vorkommen)

Tagfalter

Nachtfalter

Vfl grau oder blauschwarz mit roten Flecken oder Streifen, Hfl rot, tagaktiv (auf Blüten)
Blutströpfchen

weiß, Vfl-Spitze orangerot

schachbrettartig schwarz-weiß

Damenbrett (Augenfalter)

Aurora-falter ♂

Grundfarbe weiß, gelb oder orange

Flügel schmal und glasartig durchsichtig wie bei Bienen, Körper dunkel mit wespenähnlicher Ringzeichnung, tagaktiv (auf Blüten, an Stämmen)
Glasflügler

Weißlinge

ellrotbraun mit gitterartiger dkl. Zeichng.

klein, rötlich hellbraun

augenartiger Fleck in der Vfl-Spitze (oft mehrere Flecken, selten fehlend), braune bis schwärzliche Grundfarbe

Vfl lang und schmal, Hfl klein; Körper kräftig, spindelförmig
Schwärmer

auerfuchs

Heufalter

Augenfalter

Hfl mit Zipfel

Vfl tarnfarbig, in der Regel mit charakteristischer Makelzeichnung, Körper kräftig
Eulenfalter

Ulmen-Zipfelfalter

US

Augen auffällig weiß gerandet, kleine Falter

Bläulinge

Flügel tagfalterartig breit, meist tarnfarbig, Körper meist schlank
Spanner

rotbraun

mittelbraun, violetter Augenfleck, US dunkel

Tagpfauenauge

Kleiner Fuchs

Edelfalter

Vfl-Rand gefleckt, Hfl-Rand mit Spitze

Zackenfalter

alle übrigen mittelgroßen bis großen nachtaktiven Falter sind **Spinnerartige, z. B. Zahnspinner**: am Vfl-Innenrand ein vorspringender Zahn.

mit violettblauem Schiller

Schillerfalter

Eisvogel

schwarzbraun mit weißen Flecken und Binden

Oder:
Bärenspinner
Hfl oft auffällig rot oder gelb mit dunklen Flecken, Körper kräftig

gelbbraun mit gitterartiger Flecken- und Linienzeichnung

Apfelwickler → S. 67
Nektarsaugen an
Doldenblüte → S. 28
Glasflügler: Hornissen-
schwärmer → S. 126
Federgeistchen → S. 130

Purpurzünsler

Urmotten: Dotterscha-
ben in einer Blüte des
Scharfen Hahnenfuß'

Heidekraut-Wurzelbohrer

Blumenfreundin

Langfühler

Small Beauties

Kleinschmetterlinge stehen ihren großen Vettern an Schönheit in nichts nach und übertreffen sie an Formenvielfalt. Wenn sie ins Haus fliegen, werden sie oft als «Motten» bezeichnet und vorsichtshalber aus Unwissenheit totgeschlagen. Dabei handelt es sich um harmlose Falter, die durch das Licht angelockt wurden. Die Kleidermotte ist nur eine unter mehr als 72 000 Arten der Erde, die zu den Kleinschmetterlingen gerechnet werden. Nur wenige unter ihnen sind bekannte Schadinsekten, wie z. B. Eichen-, Trauben- und Apfelwickler.

Die urtümlichsten Kleinschmetterlinge sind die Urmotten. Sie besitzen anstelle des Rüssels noch Kiefer, so dass sie sich von Pollen ernähren können. Mit den beißenden Mundwerkzeugen und ihrer Gestalt ähneln sie kleinen Köcherfliegen, die ja stammesgeschichtlich die nächsten Verwandten der Schmetterlinge sind. Durch das Schuppenkleid auf den Flügeln weisen sich die Urmotten aber als Schmetterlinge aus.

Die Kleinschmetterlinge sind eine Kenngruppe und keine stammesgeschichtlich zusammen gehörende Einheit. Sie werden nur wegen ihrer Kleinheit in einer Gruppe vereinigt. Wenige Formen, wie die Glasflügler und die Wurzelbohrer, erreichen die Größe von Tagschmetterlingen.

Es lohnt sich, Kleinschmetterlinge mit der Lupe näher zu betrachten. Man findet unter ihnen so ungewöhnliche Gestalten wie die Federmotte mit ihren fein gefiederten Flügeln und die Männchen der Langhornmotten mit ihren extrem langen Fühlern. Am Tage sind Kleinschmetterlinge häufig an Blüten zu sehen. Ihre Saugrüssel sind im Gegensatz zu denen der Großschmetterlinge sehr kurz, so dass sie sich vor allem an offenen Blüten wie denen der Doldengewächse aufhalten.

Die Glasflügler sind Kleinschmetterlinge, die sich mit ihren durchsichtigen Flügeln als Elfen verkleidet haben. Zu ihnen zählt der Hornissenschwärmer, der das gelbschwarze Warnkleid der Wespen nachahmt.

Die Raupen der Kleinschmetterlinge leben häufig im Verborgenen als Bohrer oder Minierer im Innern von Wurzeln oder Blättern. Einige sind Nahrungsspezialisten, die Horn, Wachs oder Wolle fressen.

Rote, braune, grüne... Bläulinge

Bläulinge sind die Schmetterlinge, die am häufigsten an Wegrainen, auf Wiesen und Brachland anzutreffen sind. Diese kleinen bis mittelgroßen Tagfalter sind allerdings keineswegs immer blau gefärbt. Die auffallend leuchtend oder unscheinbar braun gefärbten Falter sind an ihrer gefleckten Unterseite, an dem weiß umrandeten Kopf sowie den weiß geringelten Fühlern gut zu erkennen. Auch die Zipfelfalter zeigen mit diesem Muster an, dass sie zu den Bläulingen gehören.

Hauhechelbläuling, Männchen

Himmelblauer Bläuling, Männchen

Himmelblauer Bläuling, Weibchen

Kleiner Feuerfalter

Dukatenfalter, Männchen

Brombeerzipfelfalter

Näher betrachtet: Schmetterlinge

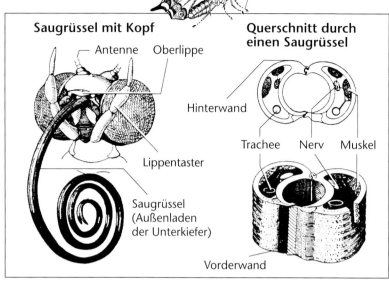

Saugrüssel mit Kopf

- Antenne
- Oberlippe
- Lippentaster
- Saugrüssel (Außenladen der Unterkiefer)

Querschnitt durch einen Saugrüssel

- Hinterwand
- Trachee
- Nerv
- Muskel
- Vorderwand

Saugrüssel eines Schmetterlings

Schmetterlinge kann man leicht an ihren Lieblingspflanzen beobachten. In Gärten zieht der Sommerflieder Schmetterlinge der Umgebung fast magisch an. Dasselbe macht der Wasserdost im Wald oder am Wegrand. Tagfalter sind im Gegensatz zu Bienen «rottüchtig», d. h. sie sehen Licht der Wellenlänge, die der Spektralfarbe Rot entspricht. Rote Blüten, wie die der Karthäuser Nelke, sind daher ausgesprochene Blüten für Schmetterlinge.

Solche Blüten besitzen außerdem lange Kronröhren, so dass fast nur Schmetterlinge mit ihrem langen Saugrüssel an den Nektar gelangen können. Der Saugrüssel besteht aus zwei Halbrohren, die miteinander verzahnt sind und so ein geschlossenes Rohr bilden. Er besitzt außerdem Tast- und Geschmackssinneszellen.

Die großen Tragflächen ihrer Flügel ermöglichen den Tagschmetterlingen sehr ausdauernd zu fliegen. Besonders eindrucksvoll zeigen dies die Wanderfalter wie Distelfalter und Admiral. Wenn wir Falter dieser südländischen Arten im Mai bei uns beobachten, haben sie schon eine Wanderung über die Pyrenäen oder die Alpen und häufig sogar über das Mittelmeer hinter sich. Einige wandern bis Island und Finnland und bewältigen dabei Flugstrecken bis zu 3000 km. Die Falter können bei uns nicht überwintern. Im Sommer bei uns herangewachsene Exemplare wandern im Herbst zurück in den Süden. Auch der Totenkopfschwärmer wandert regelmäßig von seinem südlichen Verbreitungsgebiet nach Mittel- und Nordeuropa ein, kehrt aber nicht mehr zurück.

Flügelschuppen

Feinbau des Schmetterlingsflügels

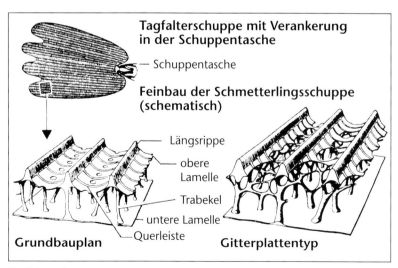

Tagfalterschuppe mit Verankerung in der Schuppentasche

- Schuppentasche

Feinbau der Schmetterlingsschuppe (schematisch)

- Längsrippe
- obere Lamelle
- Trabekel
- untere Lamelle
- Querleiste

Grundbauplan

Gitterplattentyp

Tagfalterschuppe

Untersuchung von Schmetterlingsflügeln

Manchmal findet man tote Schmetterlinge. Mit der Lupe sind die Anordnung und der äußere Bau der Schuppen, mit dem Mikroskop auch ihr Feinbau zu erkennen.
Entfernt man die Schuppen, so kommt der häutige Flügel zum Vorschein.
Besonders beeindruckend ist der Nachweis des Zusammenwirkens von Struktur- und Pigmentfarben. Strukturfarben verschwinden, wenn man den Flügel in Alkohol legt, da dadurch die zwischen und in den Schuppen befindliche Luft verdrängt wird. So wird zum Beispiel der leuchtend blaue Flügel eines Bläulingmännchens mattbraun. Beim Tagpfauenauge verschwindet das violette Schillern in den Augenflecken.

Maria Sibylla Merian hat die Verwandlung der Raupen zu Schmetterlingen mit großer Genauigkeit beobachtet und in ihren Zeichnungen festgehalten. Dies war zu ihrer Zeit eine große Leistung, da über das Leben der Insekten damals kaum etwas bekannt war. Immerhin machte sie ihre Entdeckungen mehr als 50 Jahre, bevor Friedrich Christian Lesser und Carl von Linné die Insekten in ihren Werken beschrieben. Zum Beobachten laden nicht nur die prächtigen Tagfalter ein. An Blättern kann man zahlreiche Spuren von Kleinschmetterlingen finden. Manche Raupen sind so klein, dass sie, wie die Raupe der Birkenminiermotte, innerhalb von Blättern leben und diese leer fressen.

Bei vielen Raupen sind die Speicheldrüsen zu Spinndrüsen umgewandelt. Zur Verpuppung seilen sich die Tiere an einem dünnen Spinnfaden zu einem sicheren Ort ab oder stellen einen Puppenkokon aus dichter Raupenseide her. Die Larven der Sackträgermotten verspinnen kleine Stöckchen zu schützenden Gehäusen, die an Pflanzen herunterhängen. Andere Raupen spinnen sich kleine Köcher. Die Raupen der Gespinstmotten können mit ihren Gespinsten ganze Bäume einhüllen. Verschiedene Arten befallen Obstbäume, Weißdorn, Traubenkirsche, Faulbaum oder Pfaffenhütchen. Die Raupen legen die Gespinste im März an den Zweigenden an. Sind innerhalb des Gespinstes alle Blätter verspeist, so legen die Raupen ein neues größeres Gespinst um mehrere Zweige an. Bis Ende April wird so ein befallener Baum oder Strauch völlig kahl gefressen. Während die Obstbäume dadurch stark geschädigt werden, schlagen die Wildsträu-

«Große Brennessel und eine gemeine Fliege, ein Pfau-Vögelein und ein schwarzes häßliches Thierlein».

Maria Sibylla Merian: Der Raupen wunderbare Verwandlung und sonderbare Blumennahrung, 1679. Das «Thierlein» ist wahrscheinlich eine Blattwespe.

cher nach dem Kahlfraß im Mai aus ruhenden Knospen noch einmal neu aus. Die Gespinstmotten befinden sich dann bereits in der Puppenruhe, und die Sträucher können sich erholen. Im August kann noch eine kleinere zweite Generation der Gespinstmotten auftreten. Sie richtet jedoch meist keinen großen Schaden mehr an.

Schmetterlinge und ihre Raupen → S. 64

Haltung und Pflege von Raupen → S. 75

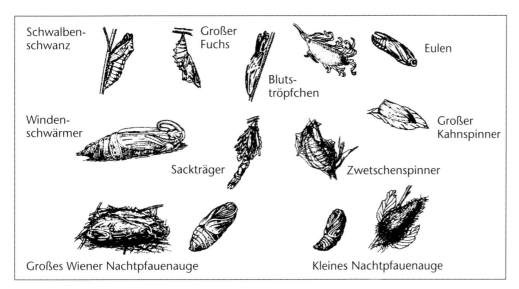

Schwalbenschwanz

Großer Fuchs

Eulen

Blutströpfchen

Windenschwärmer

Großer Kahnspinner

Sackträger

Zwetschenspinner

Großes Wiener Nachtpfauenauge

Kleines Nachtpfauenauge

Puppenformen von Schmetterlingen

Schöner Schmetterling – hässliche Raupe?

Portait einer Schwalbenschwanzraupe

Plötzliche Verwandlung
→ S. 81

Wunder der Verwandlung

«Man betrachte die wunderbare Erziehung der Insekten, wie ungleich das Kind dem Jünglinge sei und beide wie ungleich den Eltern. Eine gar herrliche Metamorphose! Hier wird eine kriechende, sechzehnfüßige, haarige, Laub fressende, grüne Larve in eine hängende, der Füße beraubte, glatte fastende Puppe verwandelt. Diese in einen fliegenden, sechsfüßigen, rauchen, Honig saugenden, krummen Schmetterling. Gibt es ein größeres Wunder in der Natur? Ein und dieselbe Person soll auf diesem Schauplatze der Natur mit so ungleicher Maske einhergehen? Wir geraten hierüber in Verwunderung: Aber wenn wir es genau besehen, so ist es nicht mehr Wunder, als dass das Küchlein aus einem Eie ausgebrütet wird.»

Carl von Linné: Rede von den Merkwürdigkeiten an den Insekten, 1739

Die Entwicklung von der Raupe über die Puppe zum Schmetterling ist das Urbild der Verwandlung. Aber haben alle schönen Schmetterlinge wirklich nur hässliche Raupen?

Raupen sind das Fressstadium im Schmetterlingsleben. Zwar laben sich die meisten Falter am Nektar, aber das ist nur ein vornehmes Nippen an einem Weinglas im Vergleich zu den riesigen Portionen an Blättern, die sie zuvor als Larven verschlungen haben. Die Alltagsweisheit, nach der schöne Falter nur aus hässlichen Raupen hervorgehen, wird durch viele Beispiele widerlegt, in denen sich sowohl der Falter als auch dessen Raupe sehen lassen können.

Manche Raupen fallen nicht nur durch ihre Färbung, sondern auch durch ihre dichte Behaarung auf, z. B. die Raupen des Braunen Bären und des Schwans. Spannerraupen erkennt man an ihrer Bewegungsweise, bei der sie den Körper abwechselnd hochkrümmen und strecken und sich dabei jeweils mit dem Vorder- bzw. Hinterkörper an der Unterlage festheften. Sie zeigen oft eine Tarnhaltung und Tarnfärbung, die sie wie kleine Zweige erscheinen lassen.

Die Raupe des Schwalbenschwanzes kann einen potenziellen Angreifer verjagen, indem sie eine rote Nackengabel ausstößt. Das geschieht, falls sich ein Fressfeind nicht schon durch die schwarz-gelb-rote Warnfärbung hat abschrecken lassen. Die Raupe frisst an den Blättern der Wilden Möhre. Zuweilen legt ein Falter seine Eier auch an der Gartenmöhre oder anderen Doldenblütlern wie Dill, Petersilie und Kümmel ab, so dass Raupe und Schmetterling dann auch im Garten zu beobachten sind. Die markante Zebrastreifung der Raupe tritt erst nach der vierten Häutung auf; vorher ist sie samtschwarz gefärbt mit roten Punkten.

Die Falter fliegen in zwei Generationen pro Jahr von April bis Juni und Juli bis August. Die Raupen findet man entsprechend von August bis September und im Juni. Die Puppen der zweiten Raupengeneration überwintern.

Die Schwalbenschwänze sind elegant segelnde Falter. Sie sind bei uns ein Gruß der Tropen, in denen sie in mehr als 500 farbenprächtigen Arten vorkommen.

Raupe und Falter vom Schwalbenschwanz

Raupe und Falter vom Braunen Bären

Raupe und Falter vom Schwan

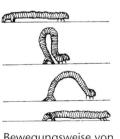

Bewegungsweise von
Spannerraupen

Spannerraupe und Punktfleckspanner

Lebensraum Apfelbaum

Schädlinge auf Blättern

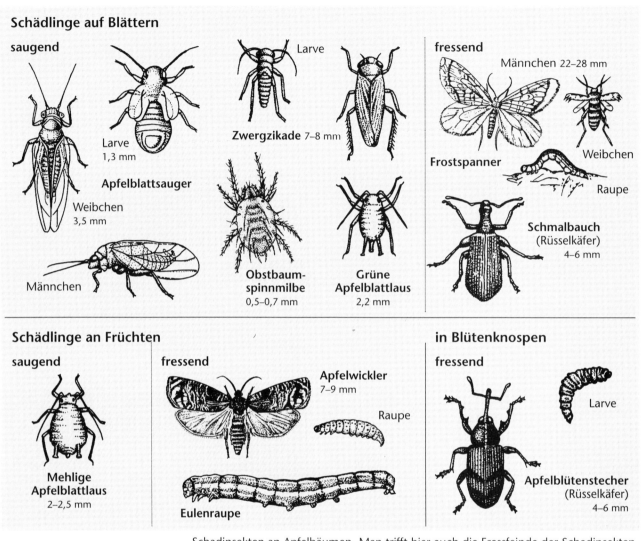

saugend

Larve

Zwergzikade 7–8 mm

Larve
1,3 mm

Apfelblattsauger

Weibchen
3,5 mm

Männchen

Obstbaum-
spinnmilbe
0,5–0,7 mm

Grüne
Apfelblattlaus
2,2 mm

fressend

Männchen 22–28 mm

Frostspanner

Weibchen

Raupe

Schmalbauch
(Rüsselkäfer)
4–6 mm

Schädlinge an Früchten

saugend

Mehlige
Apfelblattlaus
2–2,5 mm

fressend

Apfelwickler
7–9 mm

Raupe

Eulenraupe

in Blütenknospen

fressend

Larve

Apfelblütenstecher
(Rüsselkäfer)
4–6 mm

Schadinsekten an Apfelbäumen. Man trifft hier auch die Fressfeinde der Schadinsekten, wie z. B. Ohrwürmer, Marienkäfer und Wanzen (→ S. 100).

Schäden an Blättern und Früchten

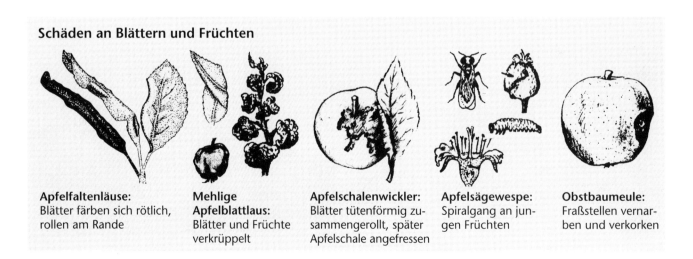

Apfelfaltenläuse:
Blätter färben sich rötlich, rollen am Rande

Mehlige Apfelblattlaus:
Blätter und Früchte verkrüppelt

Apfelschalenwickler:
Blätter tütenförmig zu-sammengerollt, später Apfelschale angefressen

Apfelsägewespe:
Spiralgang an jun-gen Früchten

Obstbaumeule:
Fraßstellen vernar-ben und verkorken

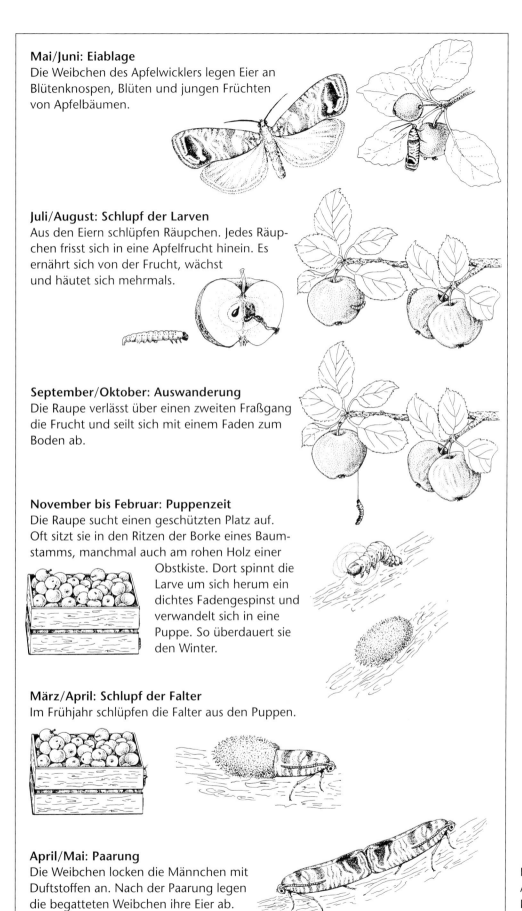

Mai/Juni: Eiablage
Die Weibchen des Apfelwicklers legen Eier an Blütenknospen, Blüten und jungen Früchten von Apfelbäumen.

Juli/August: Schlupf der Larven
Aus den Eiern schlüpfen Räupchen. Jedes Räupchen frisst sich in eine Apfelfrucht hinein. Es ernährt sich von der Frucht, wächst und häutet sich mehrmals.

September/Oktober: Auswanderung
Die Raupe verlässt über einen zweiten Fraßgang die Frucht und seilt sich mit einem Faden zum Boden ab.

November bis Februar: Puppenzeit
Die Raupe sucht einen geschützten Platz auf. Oft sitzt sie in den Ritzen der Borke eines Baumstamms, manchmal auch am rohen Holz einer Obstkiste. Dort spinnt die Larve um sich herum ein dichtes Fadengespinst und verwandelt sich in eine Puppe. So überdauert sie den Winter.

März/April: Schlupf der Falter
Im Frühjahr schlüpfen die Falter aus den Puppen.

April/Mai: Paarung
Die Weibchen locken die Männchen mit Duftstoffen an. Nach der Paarung legen die begatteten Weibchen ihre Eier ab.

Entwicklung des Apfelwicklers.
Die «Würmer» in Äpfeln sind in Wirklichkeit Raupen.

67

Disteln – reiche Nahrungsquellen

Disteln aller Art sind wenig beliebt bei Menschen, doch wertvolle Lieblingspflanzen zahlreicher Insekten. Durch ihre Stacheln sind Disteln gegen Fraß von Rindern und Pferden gut geschützt, nicht aber gegen saugende und beißende Insekten. Sie sind ein herausragendes Beispiel für die vielfältigen ökologischen Beziehungen zwischen Pflanzen und Insekten.

Schmalböcke und Hummel an Acker-Kratzdistel

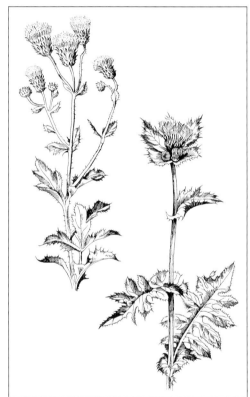

Acker-Kratzdistel und Kohl-Kratzdistel

Distelfalter → S. 57

Gammaeule saugt an Blüten der Kohl-Kratzdistel

C-Falter

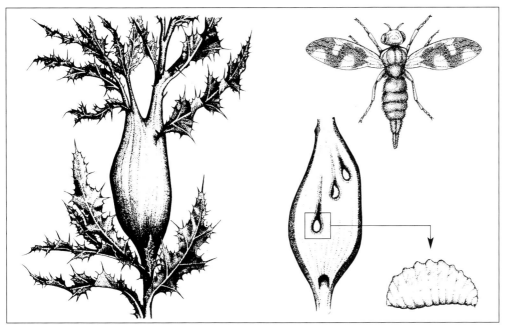

Weibchen der Flocken-
blumen-Bohrfliege

Distel-Bohrfliege und die
von ihren Larven verur-
sachte Stängelgalle an einer Acker-Kratzdistel.

Beobachtungen an
Kratzdisteln. Man findet
die Pflanzen auf Brach-
flächen, Weiden und an
Wegrändern.

Besucher der Blütenkörbchen

Blühende Distelgruppen sind wegen der zahlreichen Blütenbesucher gute Beobachtungsplätze. Man kann folgende Untersuchungen durchführen:

Welche Insekten besuchen die Blüten?

Wie gelangen sie an den Nektar?

Wie lange halten sie sich auf einem Blütenkörbchen auf?

Wie viele Blütenkörbchen besuchen sie?

Außen an Disteln fressende Tiere

Bei genauem Suchen findet man Insekten an Stängeln und Blättern, besonders an der Unterseite. Man kann folgende Ernährungsweisen unterscheiden:

Sauger an Stängeln und Blättern, z. B. Blattläuse, Zikaden, Baumwanzen.

Beißer, z. B. Blattkäfer, Raupen, Blattwespenlarven.

Raubinsekten, die von den Distelfressern leben, z. B. Marienkäfer und ihre Larven, Schwebfliegenlarven, Florfliegen und ihre Larven, Weichkäfer, Ameisen.

Parasitoide, z. B. Schlupfwespen, die ihre Eier in Insektenlarven legen und diese von innen her auffressen.

Blattlausgäste: Ameisen, die Blattläuse betrillern, so dass diese zuckerhaltige Ausscheidungen abgeben.

In Disteln lebende Tiere

Blattbewohner sind an den Fraßgängen zu erkennen. In ihnen befinden sich Blattminierer, z. B. Fliegenlarven und Raupen von Kleinschmetterlingen.

Bewohner des Stängels verraten sich meist dadurch, dass angebohrte Stängel etwas verformt oder zu Gallen aufgebläht sind. Um die Bewohner zu sehen, müssen die Stängel aufgeschnitten werden. Man findet z. B. Gallmücken- und Bohrfliegenlarven.

Körbchenbewohner leben zwischen den Früchten oder im Boden des Blütenkörbchens. Um sie zu entdecken, muss man das Körbchen längs aufschneiden. Man findet vor allem Bohrfliegenlarven.

Lebensraum Baumstümpfe

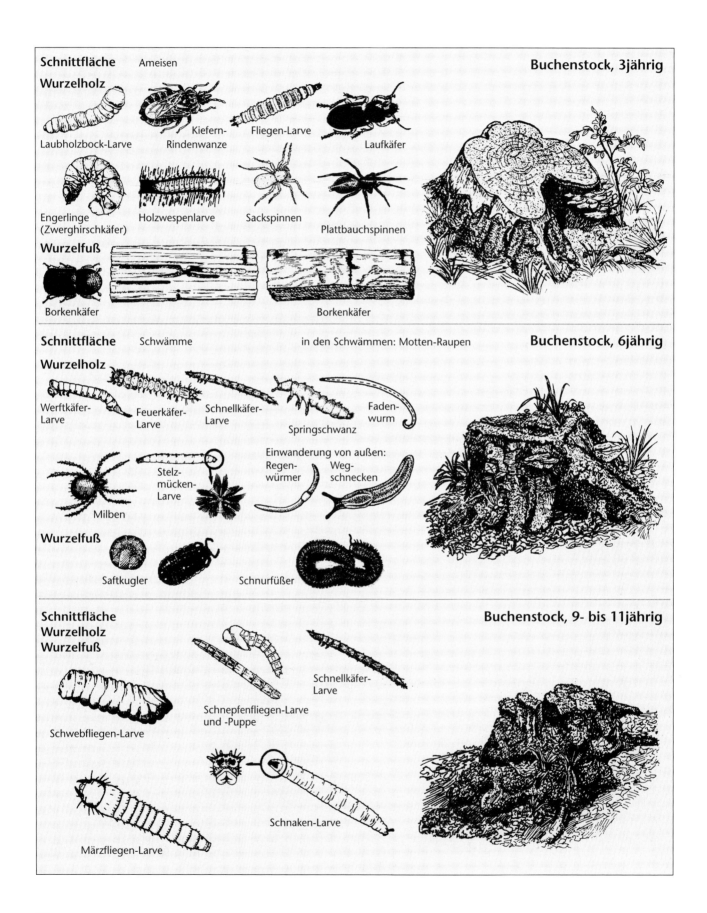

Schnittfläche Ameisen

Wurzelholz

Laubholzbock-Larve

Kiefern-Rindenwanze

Fliegen-Larve

Laufkäfer

Engerlinge (Zwerghirschkäfer)

Holzwespenlarve

Sackspinnen

Plattbauchspinnen

Wurzelfuß

Borkenkäfer

Borkenkäfer

Buchenstock, 3jährig

Schnittfläche Schwämme   in den Schwämmen: Motten-Raupen

Wurzelholz

Werftkäfer-Larve

Feuerkäfer-Larve

Schnellkäfer-Larve

Springschwanz

Fadenwurm

Milben

Stelzmücken-Larve

Einwanderung von außen:
Regenwürmer

Wegschnecken

Wurzelfuß

Saftkugler

Schnurfüßer

Buchenstock, 6jährig

Schnittfläche
Wurzelholz
Wurzelfuß

Schwebfliegen-Larve

Schnepfenfliegen-Larve und -Puppe

Schnellkäfer-Larve

Schnaken-Larve

Märzfliegen-Larve

Buchenstock, 9- bis 11jährig

70

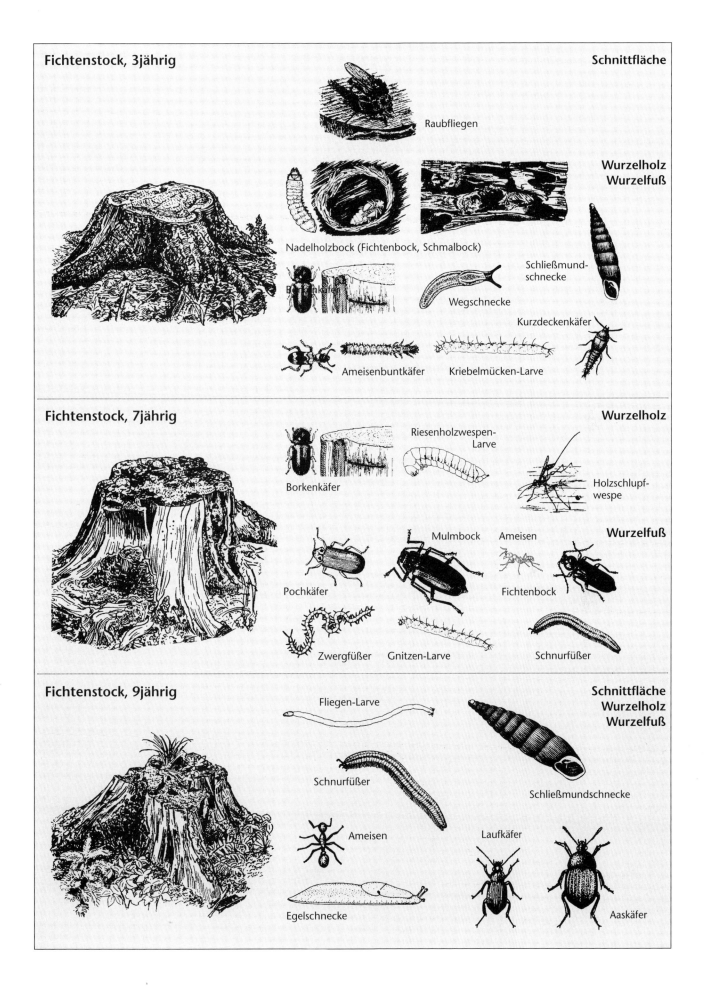

Fichtenstock, 3jährig

Schnittfläche

Raubfliegen

Wurzelholz
Wurzelfuß

Nadelholzbock (Fichtenbock, Schmalbock)

Schließmund-
schnecke

Borkenkäfer

Wegschnecke

Kurzdeckenkäfer

Ameisenbuntkäfer

Kriebelmücken-Larve

Fichtenstock, 7jährig

Wurzelholz

Riesenholzwespen-
Larve

Borkenkäfer

Holzschlupf-
wespe

Wurzelfuß

Mulmbock

Ameisen

Pochkäfer

Fichtenbock

Zwergfüßer

Gnitzen-Larve

Schnurfüßer

Fichtenstock, 9jährig

Schnittfläche
Wurzelholz
Wurzelfuß

Fliegen-Larve

Schnurfüßer

Schließmundschnecke

Ameisen

Laufkäfer

Egelschnecke

Aaskäfer

Brennnesselbestände – Wohnung und Jagdrevier

Den Kleinen Fuchs und das Tagpfauenauge kann man als umgewandelte Brennnesselblätter bezeichnen, denn ihre Raupen fressen ausschließlich an der Großen Brennnessel.
Obwohl Brennnesseln nicht mit Blüten locken, ist das Leben auf und zwischen den Pflanzen unerwartet vielfältig.

Schwarz-rote Blattwespe erbeutet einen Käfer.

Brennnessel-Grünrüssler

Sowohl Pflanzenfresser als auch Raubinsekten suchen gerne Brennnesselbestände auf. Zu den Pflanzenfressern gehören z. B. die Rüsselkäfer und die säftesaugenden Weichwanzen, zu den Beutegreifern viele Blattwespenarten, für die der Brennnesseldschungel ein ideales Jagdrevier darstellt. Räuberische Wanzen, wie z. B. die Blumenwanzen, stechen ihre Beute an und saugen sie aus.

Die Punktierte Zartschrecke ist ein Pflanzenfresser. Sie ist in den dichten Nesselbeständen gut getarnt. Ihr Gesang ist ein kurzes kratzendes Geräusch.

Der Brennnesselbock sonnt sich gern auf den Blättern der Pflanzen, in deren Stän-

Punktierte Zartschrecke

Nesselwicht. Er gehört zu den Weichwanzen.

geln seine Larven heranwachsen. Wegen der auffällig geringelten Fühler heißt er auch Scheckenhornbock. Seine Larven sind durch den wie abgeschnitten wirkenden Hinterleib und eine kropfartige Verdickung an der Unterseite der Vorderbrust zu erkennen.

Schnabelfliegen und Schnepfenfliegen leben beide räuberisch von anderen kleinen Insekten. Sie werden wegen ihrer gefleckten Flügel sowie der ähnlichen Größe und Gestalt leicht miteinander verwechselt. Schnepfenfliegen sitzen meist senkrecht kopfabwärts, wobei sie den Vorderkörper mit den langen Vorderbeinen von der Unterlage abstemmen. Diese Lauerstellung unterscheidet sie von den Schnabelfliegen. Außerdem haben Schnepfenfliegen nur kurze stummelförmige Fühler, die sie als wirkliche Fliegen ausweisen.
Schnabelfliegen haben ein bemerkenswertes Paarungsritual. Männchen und Weibchen paaren sich nacheinander mit verschiedenen Partnern. Das Männchen bietet einem angelockten Weibchen selbst produzierte Sekretbonbons an. Je mehr Bonbons es überreicht, desto länger kann es das Weibchen begatten und dabei viele Spermienpakete übertragen. Auf diese Weise sichern sich die Männchen einen großen Fortpflanzungserfolg. Die Weibchen wählen so wahrscheinlich die genetisch besten Väter für ihre Kinder.
Die Mückenhafte überreichen ihren Weibchen kleine Beutetiere als Hochzeitsgeschenk.

Brennnesselbock

Wollkäfer

Gemeine Schnepfenfliege

Schnabelfliegen-Weibchen

Näher betrachtet: Insekten an Brennnesseln

Vogelkot an Brennnesseln?

Manchmal sind ganze Brennnesselbestände mit einem weißen Überzug versehen, so dass man vermuten könnte, die Pflanzen seien über und über mit Vogelkot bekleckert.

Es handelt sich jedoch um einen dichten Befall mit Nesselröhrenläusen, die zu den Schildläusen gehören. Ihr Körper ist dicht mit kreideweißen Wachsplatten bedeckt; an ihrem Hinterleib tragen sie einen Eisack, der ebenfalls aus weißen Wachsplatten besteht. Nur die Männchen sind geflügelt. Aus den Eiern schlüpfen Larven, die sich an der Pflanze festsaugen und schon nach der ersten Häutung geschlechtsreif werden können.

Große Brennnessel

weibliche Nesselröhrenlaus mit Eisack

hen. Die Beigabe zum Futter soll bei Hühnern die Legetätigkeit, bei Kühen die Milchproduktion anregen. Die nahrhaften Blätter sind auch der Grund dafür, dass sich auf Brennnesseln viele Pflanzenfresser einfinden, und diese wiederum dienen den Raubinsekten als Jagdbeute. Die Große Brennnessel ist die Futterpflanze für viele Larven. Sie eignet sich daher besonders gut zur Spurensuche. Beim Anfassen der Pflanzen sollte man darauf achten, dass nur von unten nach oben an der Pflanze vorbeigestrichen wird. Damit wird das Abbrechen der Brennhaare vermieden, so dass keine Ameisensäure auf die Haut gelangt.

Oft sind an Brennnesseln Schmetterlingsraupen zu finden, deren Entwicklung im Zuchtkasten verfolgt werden kann. Es gibt kaum ein eindrucksvolleres Erlebnis, als zu beobachten, wie ein Schmetterling aus der Puppe schlüpft. Bei entsprechender Umsicht überleben mehr Raupen in einem Zuchtkasten als in Freiheit, so dass – zumindest bei häufigen Faltern – gegen eine Haltung aus Naturschutzgründen nichts einzuwenden ist. Auf Anfrage erteilt die zuständige Naturschutzbehörde eine Ausnahmegenehmigung. Eier und Raupen vom Kleinen Fuchs und vom Tagpfauenauge können von Mai bis Juli gesammelt werden. Auch die Puppen sollten genau betrachtet werden, ohne sie zu berühren. An ihnen sind Augen, Rüssel und Flügel des Falters bereits erkennbar. Das Schlüpfen eines Falters kündigt sich durch das Verblassen der Puppenfarbe an. Die Farben des Falters scheinen jetzt durch die Puppenhülle hindurch. Die Falter sollten möglichst bald nach dem Schlupf freigelassen werden.

Insgesamt geben Brennnesseln mehr als 100 Insektenarten Nahrung und Wohnung. Etwa 30 Arten ernähren sich ausschließlich von ihnen. Brennnesseln wachsen an nitratreichen Orten. Dadurch wird nicht nur ihr rasches Wachstum gefördert, sondern Blätter und Stängel enthalten auch wertvolle Nährstoffe. So werden Brennnesseln als geeignetes Futter für die Aufzucht von Enten und Gänsen angese-

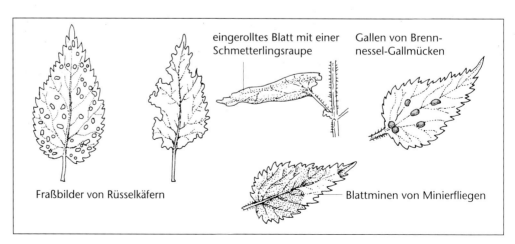

eingerolltes Blatt mit einer Schmetterlingsraupe

Gallen von Brennnessel-Gallmücken

Fraßbilder von Rüsselkäfern

Blattminen von Minierfliegen

Fraßspuren an Brennnesselblättern

Raupen an Brennnesseln

Admiral
Bis 35 mm lang; die Raupen treten in zahlreichen Farbvarianten auf, dunkle Formen sind grauschwarz mit einer Reihe gelber Flecken an den Seiten und schwarzen, an der Basis rotbraun beringten Stacheln, helle Formen sind graugrün oder ockergelb, verschieden stark gefleckt mit blassen Stacheln; der Kopf ist bei allen Varianten schwarz.

Distelfalter
Bis 28 mm lang, der Körper ist von oben schwarz, mit feinen weißen Flecken und gelblichen oder schwarzen Stacheln. Auf der Höhe der Stigmen verläuft fast durchgehend eine gelbe Linie, unterhalb der der Körper rötlichbraun gezeichnet ist; der Kopf ist schwarz.

Tagpfauenauge
Bis 42 mm lang; der Körper ist schwarz, fein weiß gefleckt mit langen schwarzen Rücken- und Seitenstacheln; die Bauchbeine sind gelblichbraun; der Kopf ist glänzend schwarz.

Kleiner Fuchs
Bis 22 mm lang; der Körper ist schwarz, fein weiß gefleckt und hat zwei unterbrochene weiße Seitenlinien, darunter ist er purpurbraun, die Stacheln auf dem Rücken und an der Seite sind schwarz oder gelblich; der Kopf ist schwarz.

C-Falter
Bis 35 mm lang; der Körper ist schwarz mit kräftigen orangeroten Bändern und einem großen weißen Fleck auf der hinteren Rückenhälfte, die Seiten sind schwarz oder gelblich; der Kopf ist schwarz und hat zwei stachelige Buckel.

Landkärtchen
Bis 22 mm lang; der Körper ist schwarz, fein weiß geleckt, mit unterbrochenen, gelblichweißen Rücken- und Seitenstreifen, die Stacheln sind schwarz oder orangegelb, an der Basis verdickt; der Kopf ist schwarz und hat zwei stachelige Spitzen.

Messingeule
Bis 30 mm lang; der Körper ist leuchtend gelblichgrün mit einer unterbrochenen, innen dunklen weißen Rückenlinie, beiderseits von ihr geht eine Reihe weißer Schrägstreifen ab; der Kopf ist glänzend grün; die Raupe hat nur drei Bauchbeinpaare.

Nesselschnabeleule
Bis 25 mm lang; der Körper ist schlank, mit langen Beinen, seine Farbe ist unterschiedlich von gelblichgrün bis dunkelgrün mit gelblichen Bändern; der Kopf ist grün mit schwarzen Flecken.

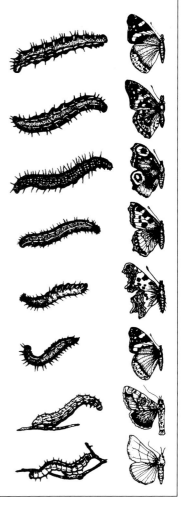

Haltung und Pflege von Raupen

Man kann die Raupen durch Abklopfen der Brennnesseln in einem untergelegten Tuch sammeln. Man darf sie nicht mit den Fingern anfassen. Frisch geschlüpfte, winzige Räupchen transportiert man auf einem weichen, an der Spitze etwas feuchten Pinsel. Der Transport der Raupen sollte in einer Papp- oder Holzschachtel geschehen, möglichst nicht in einem Glas- oder Metallgefäß, da sich in diesen Feuchtigkeit sammeln kann, die für die Raupen schädlich ist.

Am erfolgreichsten verläuft die Haltung mit schon zeitig im Frühjahr eingetopften Pflanzen, etwas verlustreicher mit Brennnesseln in der Vase. Vasenpflanzen müssen alle zwei Tage gewechselt werden. Man stellt die Pflanzen in ein Terrarium oder einen Raupenzuchtkasten. Beim Wechseln der Futterpflanzen lässt man die Raupen am besten selbst auf die neuen Pflanzen hinüberkriechen. Auch Puppen werden nicht angefasst, sondern, wenn nötig, mit dem Zweig transportiert, an dem sie hängen. Zum Verpuppen suchen die Raupen einen dunkleren höheren Platz auf; dazu benötigen sie rauhe Stöcke oder Wände. Viele Raupen sind von Raupenfliegen oder Schlupfwespen parasitiert. Um 5 bis 10 Falter zu erhalten, sollte man mindesten 20 Raupen sammeln. Ausfälle durch Parasitismus oder Krankheit sind natürlich und keine «Kunstfehler» des Raupenhalters. Um Ansteckungen zu vermeiden, sollte man nicht zu viele Raupen zusammen unterbringen. Die Entwicklung erfolgt im warmen Zimmer schneller als im Freiland. Die Raupen häuten sich dreimal, bevor sie sich verpuppen. Beim Kleinen Fuchs dauert die Raupenphase etwa 14, das Puppenstadium etwa 10 Tage. Wenn man die Falter nicht sofort nach dem Schlüpfen freilässt, muss man sie dunkel stellen, weil sich die Tiere sonst «totflattern».

Tagpfauenauge
→ S. 56, 36

Kleiner Fuchs → S. 57

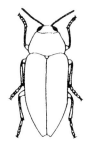

Käfer haben stets vollständig undurchsichtige, feste Flügeldecken. Sie haben beißende Mundwerkzeuge.

Die Flügeldecken der Käfer bilden ein U mit einer geraden Naht in der Mitte.

Schildkäfer

Feuerkäfer

Gelbrandrüssler

Großer Soldatenkäfer (Weichkäfer)

Käfer oder Wanze?

«Die» Wanze gibt es ebenso wenig wie «den» Käfer. Käfer und Wanzen zu unterscheiden, ist ein erster Schritt, ihre große Vielfalt zu überblicken.

«... sitzt 'ne kleine Wanze.»

Der zitierte Liedvers zeigt, dass man bei Wanzen nicht nur an die kaum noch erlebte Bettwanze denken sollte, sondern an die schönen freilebenden Arten, die tatsächlich gern auf Mauern oder Steinen sitzen und sich dort sonnen.

Wanzen ähneln Käfern, weil sie ähnliche Gestalten haben und wie diese öfter krabbeln als fliegen. Wanzen kann man jedoch von Käfern gut unterscheiden:

- Die Flügeldecken sind bei Wanzen zum Teil durchsichtig, so dass am Hinterende ein häutiges Feld entsteht, das Membran genannt wird. Käfer haben immer vollständig undurchsichtige Flügeldecken.

- Das Schildchen ist bei Wanzen sehr groß und dreieckig. Zusammen mit der Membran bildet es ein X-Muster auf dem Rücken.

- Manchmal überdeckt das Schildchen den gesamten Hinterleib mit den Flügeln. Das täuscht vollständig undurchsichtige Flügeldecken vor.
  Bei Käfern ist im Unterschied zu dem ungeteilten Rückenschild einiger Wanzen stets eine Flügelnaht zwischen den beiden Flügeldecken erkennbar.

- Zuweilen haben Wanzen nur kleine Flügelansätze. Dann kann man sie an ihren langen Fühlern erkennen, die nur 4 oder 5 große Glieder besitzen. Käfer haben zuweilen ebenfalls lange Fühler, diese bestehen dann jedoch aus vielen kleinen perlschnurartig aneinander gereihten Gliedern.

- Wanzen haben einen Stechrüssel, der dem Bauch anliegt. Käfer haben beißende Mundwerkzeuge.

Lange Weichwanze

Grüne Baumwanze

Bei Wanzen ist der hintere Teil der Flügeldecken häutig.
Sie haben stets einen Stechrüssel.

Bilsenkrautwanze (ähnelt der Ritterwanze, → S. 1)

Feuerwanze

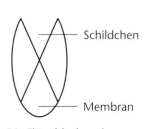

Schildchen

Membran

Die Flügeldecken der Wanzen bilden ein X.

Blumenwanze

Bunte Stachelwanze

Saumwanze (Lederwanze)

Gestreifte Weichwanze

Wanzen erkennen

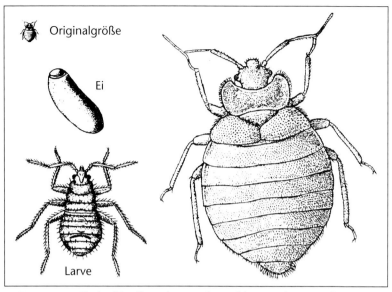

Originalgröße

Ei

Larve

Bettwanze. Sie ist flügellos, aber an den Fühlern und am Stechrüssel gut als Wanze zu erkennen. Wanzen machen eine allmähliche Verwandlung durch (→ S. 80).

Der Bettwanze, die der ganzen Gruppe den Namen gab, wird man in Deutschland kaum mehr begegnen. Diese Parasitin hat keine Flügel. Im Gegensatz zu Läusen und Flöhen hält sie sich nicht am Körper des Menschen auf, sondern in Schlafräumen versteckt in Ritzen oder hinter Bildern. Von dort begibt sie sich des Nachts zum Blutsaugen.

Neben der Bettwanze gibt es etwa 800 einheimische Wanzenarten und über 40 Untergruppen.

Darunter finden sich Landwanzen und Wasserwanzen, die durch ihre Lebensräume gekennzeichnet sind. Bei den Wasserläufern handelt es sich allerdings um auf der Wasseroberfläche lebende Landwanzen. Die ovalen bis länglichen Weichwanzen sind die artenreichste und verbreitetste Gruppe der Landwanzen, gefolgt von den mehr rundlichen Baumwanzen.

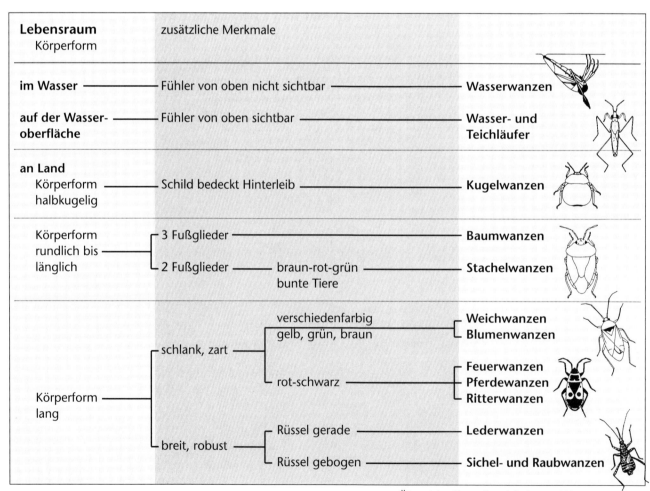

Übersicht über die wichtigsten Wanzengruppen

Kauen und Stechen

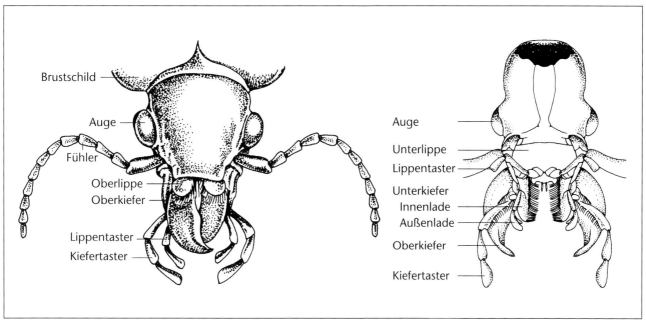

Mundwerkzeuge eines Käfers von oben und von unten gesehen

Die Mundwerkzeuge der Insekten sind aus Gliedmaßen entstanden und daher stets paarig ausgebildet. Die ursprüngliche Form sind die beißenden Mundwerkzeuge, wie sie bei Käfern, Heuschrecken und Schaben zu finden sind. Bei ihnen sind die drei Gliedmaßenpaare, Oberkiefer, 1. Unterkiefer und die zur Unterlippe verwachsenen 2. Unterkiefer gut zu erkennen. Die unpaare Oberlippe ist nur eine Hautausstülpung des Kopfes.

Die Mundwerkzeuge der Wanzen sind stark abgewandelt. Sie sind nur eine Form von stechend-saugenden Mundwerkzeugen. Die Stechrüssel der Mücken und Stechfliegen sind jeweils aus ganz anderen Teilen der drei Mundgliedmaßenpaare gebildet.

Mundwerkzeuge von
Mücken → S. 110,
Fliegen → S. 36, 46,
Schmetterlingen → S. 62,
Bienen → S. 37

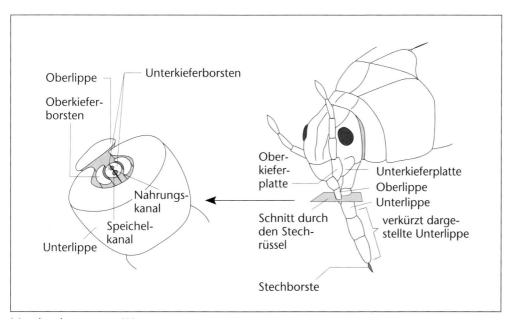

Mundwerkzeuge von Wanzen

Larve heißt ursprünglich Maske. Die Larven der Insekten verbergen das erwachsene Insekt. Erst, wenn sie ihre Larvenhaut mehrmals gewechselt haben, erscheint die wahre Gestalt.

Erwachsene Insekten häuten sich nicht mehr und können daher auch nicht mehr größer werden.
Kleine Insekten sind also nicht die Jungen der größeren.

Larve einer Grünen Schönwanze mit Flügelscheiden

Erwachsene Wanze mit voll entwickelten Flügeln

Wanzen liefern ein Beispiel für allmähliche Verwandlung. Es gibt kein Puppenstadium. Die Flügelansätze der Larve werden von Häutung zu Häutung größer. Da die Larve dem erwachsenen Tier bereits ähnelt, spricht man auch von «unvollkommener» Verwandlung. Eine allmähliche Verwandlung durchlaufen auch Heuschrecken, Ohrwürmer, Schaben und Libellen.

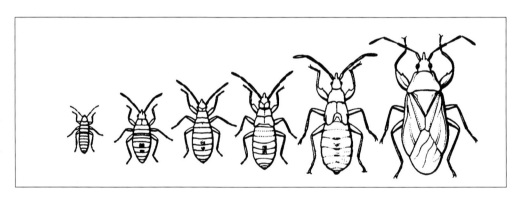

Larventyp		Gruppe	Larventyp
6-beinig			**vielbeinig**
kurze Beine, wurmartig	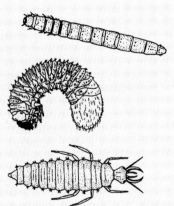	Schnellkäfer	Raupen: drei Brustbeinpaare und
		Mehlkäfer	4 bis 5 Bauchfußpaare
		Blattkäfer	(Stummelfüße)
Engerlinge: deutliche Beine, Körper dick und weich		Blatthornkäfer	
			Afterraupen: drei Brustbeinpaare und über 5 Bauchfußpaare
starke Laufbeine, schlanker Körper, große Kiefer		Florfliegen	
		Laufkäfer	
		Kurzdeckenkäfer	
		Marienkäfer	

Larventypen bei Insekten mit plötzlicher Verwandlung

... plötzliche Verwandlung

Insekten mit plötzlicher Verwandlung sehen nicht nur vollkommen anders aus, sie ernähren sich häufig auch ganz anders als ihre Larven. Blattfressende Raupen verwandeln sich in nektarsaugende Schmetterlinge, vegetarisch lebende Afterraupen in räuberische Blattwespen, blattlausfressende Maden in blütenbesuchende Schwebfliegen und einige im Wasser filtrierende Mückenlarven in stechende Blutsauger.

Larve und Puppe des Siebenpunkts

Erwachsener Siebenpunkt-Marienkäfer

Verwandlung bei Schmetterlingen
→ S. 63–65,
bei Florfliegen
→ S. 100

Wasserlebende Larven
→ S. 51

Doppelte Häutung der Eintagsfliege → S. 99

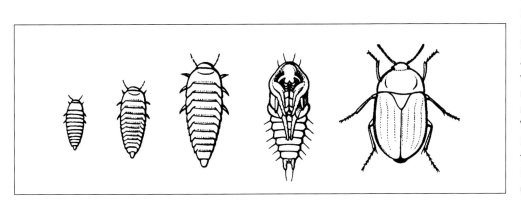

Käfer liefern ein Beispiel für die plötzliche Verwandlung. Während der Puppenruhe wird der Körper vollständig umgebaut. Da die Larve ganz anders aussieht als das erwachsene Insekt, spricht man auch von «vollkommener» Verwandlung. Weitere Beispiele geben Schmetterlinge, Köcherfliegen, Zweiflügler, Hautflügler, Schnabel- und Florfliegen.

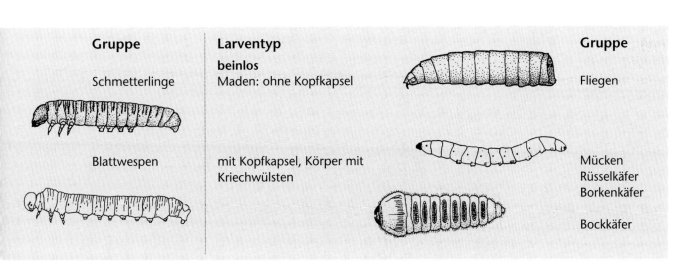

Gruppe	Larventyp		Gruppe
Schmetterlinge	**beinlos** Maden: ohne Kopfkapsel		Fliegen
Blattwespen	mit Kopfkapsel, Körper mit Kriechwülsten		Mücken Rüsselkäfer Borkenkäfer Bockkäfer

81

Käfer erkennen

Außer den hier abgebildeten gibt es über 70 weitere einheimische Käfergruppen, darunter Wollkäfer → S. 72; Pillenkäfer → S. 85; Glanzkäfer → S. 85; Buntkäfer → S. 121; Zipfelkäfer → S. 121; im Wasser lebende Käfer → S. 50.

Flügeldecken	Fühler	Körperform/weitere Merkmale		
ungeflügelte Tiere oder Flügelstummel		7 Beinpaare — **keine Käfer** —	Asseln → S. 18	
			Leuchtkäfer (Weibchen)	
			Käferlarven → S. 80	
kurze Flügeldecken, mehr als die Hälfte des Hinterleibs unbedeckt	Fühler haben 4 bis 5 Glieder	Saugrüssel — **keine Käfer** —	Wanzen → S. 76	
		Zangen am Körperende — **keine Käfer** —	Ohrwürmer → S. 101	
		Flügeldecken klaffend	**Ölkäfer** → S. 89	
		Flügeldecken mit gerader Naht	**Kurzdeckenkäfer** → S. 88	
Flügeldecken gestutzt, einige Ringe des Hinterleibs unbedeckt		Körper rundlich bis oval	**Stutzkäfer** → S. 104	
		Körper länglich	**Aaskäfer: Totengräber** → S. 104	
Flügeldecken bedecken den Hinterleib ganz		Flügelhaltung dachförmig — **keine Käfer** —	Zikaden → S. 93, 96	
		Vorderflügel überlappend — **keine Käfer** —	Schaben → S. 88	
		Vorderflügel an der Spitze häutig — **keine Käfer**	Wanzen → S. 76	
		Kopf rüsselförmig verlängert	**Rüsselkäfer** → S. 76	
		schnell laufend	**Laufkäfer** → S. 88	
		laufend und auffliegend	**Sandlaufkäfer** → S. 88, 142	

Flügeldecken	Fühler	Körperform/weitere Merkmale

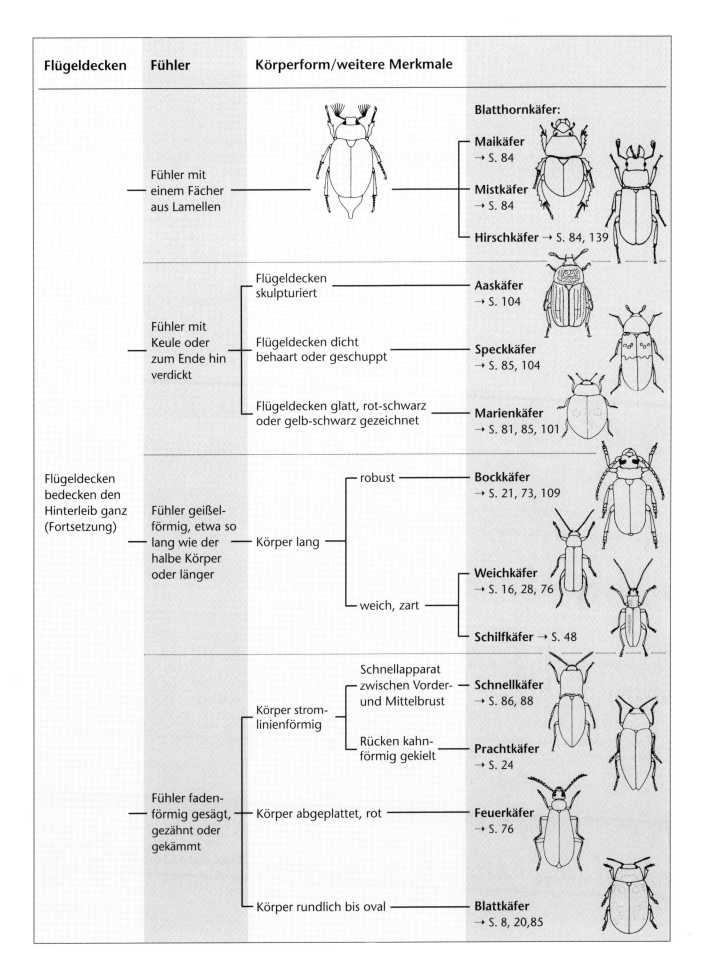

Fühler mit einem Fächer aus Lamellen

Blatthornkäfer:

Maikäfer → S. 84

Mistkäfer → S. 84

Hirschkäfer → S. 84, 139

Fühler mit Keule oder zum Ende hin verdickt

Flügeldecken skulpturiert — **Aaskäfer** → S. 104

Flügeldecken dicht behaart oder geschuppt — **Speckkäfer** → S. 85, 104

Flügeldecken glatt, rot-schwarz oder gelb-schwarz gezeichnet — **Marienkäfer** → S. 81, 85, 101

Flügeldecken bedecken den Hinterleib ganz (Fortsetzung)

Fühler geißelförmig, etwa so lang wie der halbe Körper oder länger

Körper lang

robust — **Bockkäfer** → S. 21, 73, 109

weich, zart — **Weichkäfer** → S. 16, 28, 76

Schilfkäfer → S. 48

Fühler fadenförmig gesägt, gezähnt oder gekämmt

Körper stromlinienförmig

Schnellapparat zwischen Vorder- und Mittelbrust — **Schnellkäfer** → S. 86, 88

Rücken kahnförmig gekielt — **Prachtkäfer** → S. 24

Körper abgeplattet, rot — **Feuerkäfer** → S. 76

Körper rundlich bis oval — **Blattkäfer** → S. 8, 20, 85

Gehörnte Ritter

Selbst ein Nashorn kann da nicht mithalten. Kein ein anderes Tier ist so gut gepanzert wie die Käfer. Mit dieser «Rüstung» sind die Käfer das Urbild der Ritter. Ihr Markenzeichen sind die harten festen Flügeldecken, die die zarten, häutigen Hinterflügel schützen. Im Flug werden die Vorderflügel starr gehalten, sie wirken also nur als Tragflächen. Den beim Schwirrflug vorantreibenden Flügelschlag übernehmen allein die beiden Hinterflügel.

Mit dem Prinzip der Rundum-Panzerung sind die Käfer die artenreichste Tiergruppe auf unserem Planeten geworden.

Das Laufen liegt den Käfern im Allgemeinen mehr als das Fliegen. Der Schutz durch die Flügeldecken ermöglicht ihnen, gefahrlos zwischen scharfen Gräsern und stacheligen Blättern umher zu krabbeln. Sie können sich in Dung, Kadaver oder hartes Erdreich eingraben, ohne dass ihre Flügel beschädigt werden oder verkleben. In gleicher Weise sind sie nicht nur gegen Schlag, Stoß und Druck, sondern auch gegen Nässe und Trockenheit geschützt. Käfer können Regengüsse überstehen und sogar ins Wasser fallen, ohne dass ihre häutigen Flügel nass werden. Gleichzeitig bewahrt sie ihr Panzer vor dem Austrocknen. Daher konnten sie viele verschiedene Lebensräume besiedeln.

Obwohl viele Käfer und vor allem ihre Larven als Pflanzen- und Vorratsschädlinge Konkurrenten des Menschen sind, werden sie unter den Insekten an Beliebtheit nur von den Schmetterlingen übertroffen. Maikäfer und Marienkäfer werden als Glücksbringer und Schokoladentiere gehandelt. Ein Mistkäfer, der Pillendreher, ist im alten Ägypten als Heiliger Skarabäus sogar zu religiöser Verehrung gelangt. Die rollende Mistkugel wurde als Symbol des Sonnengottes angesehen: So wie der Skarabäus seine Dungkugel mit sich rollt, lenkt Ra jeden Tag neu die Sonnenkugel über das Firmament.

Maikäfer, Mistkäfer und Schröter gehören zu den Blatthornkäfern, wie an ihren Fühlern mit den Lamellenfächern zu erkennen ist. Der Hornschröter erinnert an den viel größeren Nashornkäfer. Dessen Larven entwickeln sich häufig in Komposthaufen, so dass er manchmal in großer Anzahl in Gärten auftritt.

Maikäfer. Das Männchen trägt Fühler mit großen Fächern aus Lamellen.

Mistkäfer

Hornschröter-Männchen, ein Verwandter des Hirschkäfers (→ S. 139)

Kugelige Knappen

Laufender Pillenkäfer

Bei Gefahr lässt sich der Pillenkäfer fallen und wegrollen. Die Beine passen genau in Buchten der Bauchschilde.

Fliegender Marienkäfer

Rapsglanzkäfer. Die winzigen Käfer findet man häufig in großer Anzahl auf Korbblüten.

Wollkrautblütenkäfer. Die Flügeldecken sind dicht bunt beschuppt.

Die Larven des Wollkrautblütenkäfers können in Insektensammlungen große Schäden anrichten («Museumskäfer»).
Er ist ein Verwandter des Speckkäfers (→ S. 104).

Blattkäfer oder Marienkäfer?

Marienkäfer und viele Blattkäfer haben eine halbkugelige Form. Sie werden daher manchmal miteinander verwechselt.
Nicht immer sind Marienkäfer rot und schwarz gepunktet wie der Siebenpunkt. Es gibt unter den Marienkäfern auch gelb-schwarz gepunktete und karierte Arten und sogar welche ohne Punkte.
Blattkäfer sind häufig metallisch gefärbt. Sie können aber auch rot, gelb und gepunktet sein.
Sicher sind Marienkäfer und Blattkäfer nur an den Fühlern zu unterscheiden.

Fühler von Marienkäfern tragen stets eine kleine Keule (→ S. 81 und 101).

Gepunkteter Pflanzengast

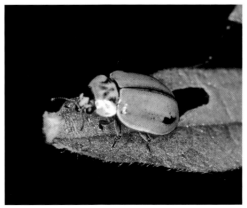

Nullpunkt

Fühler von Blattkäfern sind nie gekeult, höchstens etwas verdickt oder gezähnt (→ S. 8, 20).

85

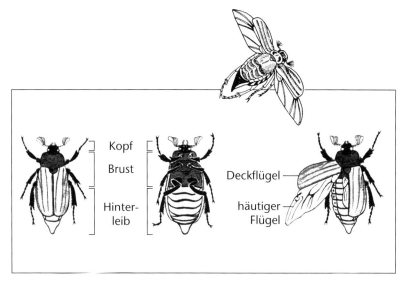

Kopf
Brust
Hinterleib

Deckflügel
häutiger Flügel

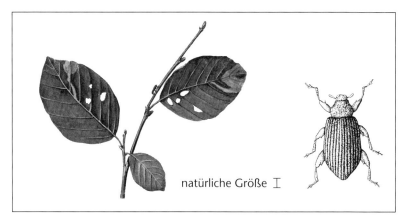

natürliche Größe I

Näher betrachtet: Käfer

Die typische Gliederung eines Insekts in Kopf, Brust und Hinterleib ist bei Käfern nur von unten oder bei angehobenen Flügeldecken zu erkennen. Von oben erscheint das große Halsschild des ersten Brustrings als ein eigener Abschnitt. Die beiden folgenden Brustringe sind unter den Flügeldecken verborgen. Sie sind mit dem Hinterleib verwachsen, so dass der Körper beim Fliegen wie ein starrer Flugzeugrumpf zusammenhängt.

Beim Laufen erscheinen die kompakten Käfer ungelenkig. Auf dem Rücken liegend sind die meisten unbeholfen und strampeln mit den Beinen hilflos in der Luft. Sie sind dann für Insektenfresser eine leichte Beute. Die Schnellkäfer haben eine athletische Lösung gefunden, wieder auf die Beine zu kommen. Dem Sprung aus der Rückenlage folgt meist die schnelle Flucht.

Viele Käfer verraten ihre Gegenwart durch Spuren. Löcher an Blättern stammen meist von erwachsenen Käfern. Larven können Blätter auch skelettieren oder minieren. Die Blattroller schaffen ihrem Nachwuchs ein Zuhause.

Buchenspringrüssler. An Blättern der Rotbuche sind oft Gang- und Platzminen der Larven sowie der Lochfraß der Käfer zu finden.

Sprung aus der Rückenlage

Schnellkäfer heißen so, weil sie aus der Rückenlage hoch schnellen, sich in der Luft drehen und wieder auf den Beinen landen können. Der Schnellapparat besteht aus einem Dorn der Vorderbrust sowie einer Grube und Leitschienen in der Mittelbrust. Die Vorder- und Mittelbrust sind gelenkig verbunden. Liegt der Käfer auf dem Rücken und findet mit den Beinen keinen seitlichen Halt, so macht er einen «Hohlrücken»: Der Dorn rutscht über die Leitschienen in die Grube. Die durch den «Hohlrücken» aufgebaute Spannung wird wie bei einem auseinandergezogenen Druckknopf plötzlich frei, wodurch der Käfer in die Luft geschleudert wird. Dabei ist ein deutliches Knacken zu hören.

Die Reaktion ist leicht auszulösen, wenn man einen Schnellkäfer rücklings auf die flache Hand legt. Das Knacken kann man auch hören, wenn der Käfer seitlich festgehalten wird und er vergebliche Schnellversuche macht.

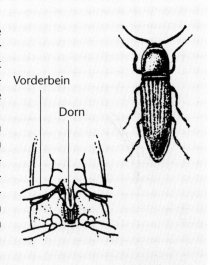

Vorderbein
Dorn

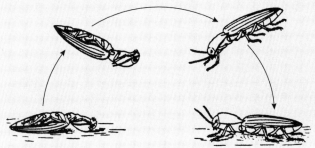

Schnellkäfer → S. 88

Laufen von Käfern → S. 11

Birkenblattroller

Zur Herstellung der Blatt-
tüte werden die beiden
Hälften zur Mittelrippe
hin bogenförmig durch-
genagt. Nachdem die
abgelösten Blattteile ge-
welkt sind, wird zuerst
die rechte und dann die
linke Hälfte in entgegen-
gesetzter Richtung zu-
sammengerollt. Da die
Mittelrippe des Blattes
nicht durchschnitten
wird, bleibt die Tüte
noch lange feucht und
grün.

Mit dem etwa 1 Stunde
dauernden Tütenrollen
sorgt der Käfer für seine
Brut: In die Tüte werden
vor dem endgültigen Zu-
sammenrollen Eier ge-
legt. Die Larven ent-
wickeln sich geschützt
und fressen von den ab-
gestorbenen Blattteilen,
die im feuchten Milieu
der Tüte von Mikroben
zersetzt wurden.
Vor der Verpuppung ver-
lassen die Larven die Tü-
te. Die Puppen überwin-
tern im Boden.

Einfachere, zigarrenförmi-
ge Wickel formt der Ha-
sel-Dickkopfrüssler mit
Blättern vom Hasel-
strauch, von Eichen und
Buchen.
Der Eichenblattroller
macht kurze Wickel aus
der oberen Hälfte von Ei-
chenblättern, die quer
zur Blattachse aufgerollt
werden.

Am Boden: Wegelagerer & Läufer

Wege sind für Insekten offene Landschaften, die als Jagdrevier oder für den Wohnungsbau genutzt oder möglichst schnell überquert werden.

Waldschabe

Fliegenspießwespe trägt eine erbeutete Fliege, die sie am Stachel aufgespießt hat, in ihr Brutnest.

Wenn ein Insekt auf einem sandigen Wege elegant und leicht auffliegt und sich ein paar Meter entfernt wieder setzt, dann sollte man sich langsam und vorsichtig an das Tier heranpirschen. Mit etwas Glück kann man den Sandlaufkäfer aus nächster Nähe betrachten und sogar mit bloßem Auge die riesigen gezähnten Kiefer erkennen. Sandlaufkäfer sind Beutegreifer, die andere Insekten auf offenen Wegen jagen.

Die Larven der Sandlaufkäfer leben im sandigen Boden in Gängen, die sie in Lauerstellung mit ihren deckelartigen Köpfen verschließen. Kommt ein Insekt in ihre Nähe, wird es mit den großen Kiefern gepackt. Bei Gefahr lässt sich die Larve in ihren Höhlengang zurückfallen.

Grabwespen nutzen sandige Wege und Wegränder zum Bau ihrer unterirdischen Brutnester. Sie tragen Fliegen, Spinnen oder – wie die Dreiphasen-Sandwespe – Raupen als Proviant für ihre Larven ein.

Für Sandlaufkäfer und Grabwespen bieten Wege also geeignete Lebensräume.

Die ebenfalls räuberischen Laufkäfer und Kurzdeckenkäfer leben meist versteckt und sind nur beim hastigen Überqueren von Wegen zu beobachten. Das gilt auch für die pflanzenfressenden Schaben, die mit den flinken Laufbeinen schnell entwischen.

Kurzdeckenkäfer

Schnellkäfer

Feld-Sandlaufkäfer

Sandlaufkäferlarve beim
Beutefang

Ölkäfer findet man im Mai träge am Weg sitzen. Sie sind ungenießbar und können sich daher die Langsamkeit leisten. Die Larven parasitieren bei Wildbienen. Das Weibchen legt die Eier an Blüten ab. Die Larve klammert sich an eine blütenbesuchende Biene. Ins Bienennest transportiert, schlüpft die Käferlarve in eine Brutzelle, die die Biene gerade verschließt, frisst das Bienenei und verwandelt sich in eine madenförmige Larve, die sich vom eingetragenen Honig ernährt. Nach weiteren Häutungen verpuppt sie sich. Der Käfer schlüpft im nächsten Frühjahr.

Ameisen → S. 9, 90, 136

Sandwespe → S. 38f., 40

Körniger Laufkäfer

Ölkäfer

Erstes, freilebendes, und zweites, in Wildbienennestern parasitierendes, Larvenstadium des Ölkäfers.

Rot gesprenkelte Glockenblume

An den Nestern von Waldameisen kann man Beobachtungen machen, ohne die Ameisen ernsthaft zu stören oder den Bau zu beschädigen.
Man braucht eine Glockenblume mit Blüten. Diese schwenkt man dicht über dem Ameisenhügel hin und her. Man kann beobachten, wie die Ameisen ihre Hinterleiber hochstellen. Nach kurzer Zeit sind die Blüten der Glockenblume rot gesprenkelt.
Die Ameisen verspritzen beim Heben ihres Hinterleibes konzentrierte Ameisensäure. Diese Abwehrreaktion kann kleine Angreifer das Leben kosten. Der im Zellsaft gelöste Farbstoff der Blüte schlägt wie ein Säure-Indikator von Blau nach Rot um. Diese Reaktion lässt sich allerdings nicht bei allen blauen Blüten auslösen, da es auch Blütenfarbstoffe gibt, die in saurer Lösung blau sind, wie z. B. bei der Kornblume.
Die Abwehrreaktion der Ameisen kann man auch mit einem Papiertaschentuch auslösen. Danach riecht das Taschentuch intensiv nach Ameisensäure.

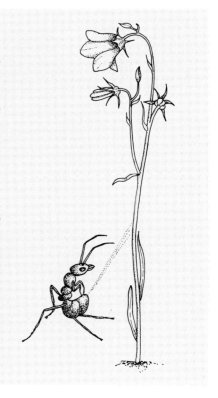

Ameisen sind überall. Was die Masse betrifft, stellen sie die erfolgreichste Tiergruppe auf den Kontinenten des Planeten Erde. Neben der Honigbiene sind sie die einzigen einheimischen Insekten, die im Sozialverband überwintern. Bei vielen Ameisenarten leben mehrere 100 000 Tiere in einem Nest. Bei der Roten Waldameise zählt man bis zu 2 Millionen Tiere (bei der Honigbiene nur bis zu 80 000).
Zur Paarungszeit im Frühjahr oder Sommer gibt es geflügelte Ameisen. Diese Tiere sind Königinnen und Männchen, die zum Hochzeitsflug aufbrechen. Nach der Begattung einer Königin sterben die Männchen. Auch die meisten Weibchen fallen Fressfeinden oder Krankheitserregern zum Opfer. Die Überlebenden reißen sich die Flügel ab und gründen jeweils ein neues Nest, in dem sie Königin werden. Eine Königin der Roten Waldameise kann bis zu 20 Jahre alt werden. Nur einmal hat sie sich in die Luft erhoben und sich begatten lassen. Die Spermien in ihrem Samenbehälter reichen für den Rest ihres Lebens zum Erhalt des Volkes aus. Die Arbeiterinnen sind schon beim Schlüpfen flügellos; sie können bis zu 3 Jahre alt werden.

Rote Waldameisen stehen unter Naturschutz. Man darf das Nest nicht beschädigen und die Tiere nicht aus der Natur entfernen. In Gärten findet man Arten, mit deren Individuen man gut experimentieren kann. Unter Steinplatten und an Wegrändern nistet gern die Schwarze Wegameise. Die Gelbe Wiesenameise baut ihre Nester häufig in Rasenflächen. Diese ähneln Maulwurfshügeln. Will man den vermeintlichen Maulwurfshaufen entfernen, wird der Unterschied schnell offenbar. Schon vorher ist der Ameisenhaufen an den feinen, von den Ameisen zusammengetragenen Erdkörnchen und Halmen zu erkennen.
Ameisen folgen Duftspuren, die sie ständig «betrillern». Zu ihrer eigenen Orientierung und als Hilfe für Nestgeschwister legen sie selbst verschiedenartige Duftspuren. Auf ihren Fühlern sitzen feine Sinnesorgane, mit denen chemische Stoffe wahrgenommen werden können. Verliert eine Ameise die Duftspur, so ist das am Stocken und nachfolgenden Suchbewegungen zu erkennen. Ein Wassertropfen behindert die Ameise nur wenig. Das Bestreichen einer Duftspur mit dem Finger überdeckt sie dagegen und löst ein orientierungsloses Suchen aus.

Samentransport ohne Sinn?

Ameisen transportieren Samen zu ihrem Bau, die 20 mal schwerer sein können als sie selbst. Danach schleppen sie sie wieder hinaus und lassen sie achtlos liegen. Es sieht fast so aus, als pflanzten sie sich ihren eigenen Park an Kräutern um ihr Zuhause, denn in der Nähe von Ameisenbauten kommen manche Pflanzen besonders zahlreich vor. Ihre Samen wurden von den Ameisen dort niedergelegt.

Des Rätsels Lösung liegt in den Samen, die von den Ameisen verschleppt werden. Den Samen angeheftet ist ein Transportlohn in Form von öl-, eiweiß- oder zuckerhaltigen Anhängseln, was die Samen für die Ameisen erst attraktiv macht. Sind die Anhängsel aufgefressen, dann werden die entwerteten Samen als Ballast aus dem Bau entfernt. Sie bleiben ohne das Anhängsel voll keimungsfähig.

In den heimischen Mischwäldern gibt es zahlreiche Pflanzen, die ihre Samen mit einem solchen «Ameisenbrot» ausstatten, z. B. Scharbockskraut, Buschwindröschen, Wohlriechendes Veilchen, Lerchensporn. An Wegrändern findet man Schöllkraut und Taubnesseln.

Man schätzt, dass in Rotbuchenwäldern die Samen von 45 %, in Eichenmischwäldern sogar von 80 % aller Wildkrautarten durch Waldameisen verbreitet werden. Ein mittelgroßes Ameisenvolk kann in einem Monat 36 500 Samen verschleppen.

Die Artenvielfalt der Krautschicht in Wäldern wird also wesentlich von den Ameisen beeinflusst.

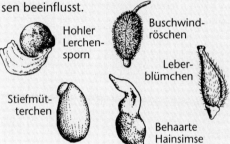

Hohler Lerchensporn

Buschwindröschen

Leberblümchen

Stiefmütterchen

Behaarte Hainsimse

Rote Waldameise
→ S. 9

Duftspuren

Um das Verhalten einer Ameise zu untersuchen, dient eine kleine Plastikbox als Versuchsarena. Die Ränder werden oben mit Paraffinöl eingeschmiert, damit die Ameise nicht entkommen kann. Man beobachtet das Verhalten der Ameise gegenüber einem Apfelstück mit und ohne Duftspur.

Eine Duftspur legt man mit dem Finger an, mit dem man an dem Apfelstück gerieben hat. Man kann gerade und gebogene Duftspuren anlegen und sich verschiedene Verläufe ausdenken, mit denen man die Ameise testet. Natürlich müssen alte Duftspuren zuvor entfernt oder ein nicht benutztes Gefäß gewählt werden. Eine gerade Duftspur kann auf verschiedene Weise unterbrochen werden, indem man
– sie mit dem Finger verwischt;
– einen Wassertropfen auf die Spur tropft;
– einen Stein auf sie legt.
Man achtet darauf, ob und wie die Ameise der Spur folgt und das Apfelstück findet.

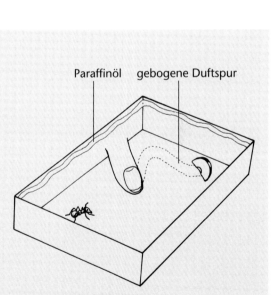

Paraffinöl   gebogene Duftspur

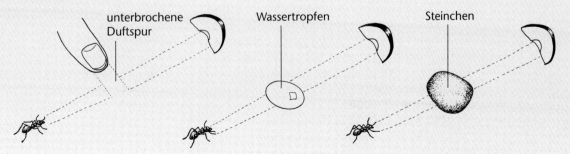

unterbrochene Duftspur

Wassertropfen

Steinchen

91

Wiesenspringer: Heuschrecken

Langfühlerheuschrecke

Springen und Singen ist das Motto der Heuschrecken. Ihr Körperbau ist von diesen Talenten geprägt. Unverkennbar wie die Frösche sind auch Heuschrecken durch die Sprungbeine gekennzeichnet.

Singendes Heupferd

Feldgrille

Langfühlerschrecken

Laubheuschrecken
Maulwurfsgrillen
Grillen

Kurzfühlerschrecken

Feldheuschrecken

Übersicht über
die Gruppen der
Heuschrecken

Musikanten mit langen und kurzen Fühlern

Das Schnarren und Zirpen verrät oft als erstes die Anwesenheit von Heuschrecken in einer Sommerwiese oder den Kräuterbeständen eines Brachlands. Laubheuschrecken und Grillen leben meist versteckt im Pflanzengewirr. Bevor man sich auf einige Meter nähern kann, verstummen sie schon. Sie nehmen Vibrationen und den Schall sehr fein wahr. Feldheuschrecken springen bei Annäherung fort. Man trifft sie z. B. auf dem freien Gelände eines Weges.

Die Sprungbeine zeigen, dass man eine Heuschrecke vor sich hat, die Länge der Fühler verrät die Sorte: Langfühlerschrecke oder Kurzfühlerschrecke.

Heuschrecken haben beißende Mundwerkzeuge, die vielseitige Ernährungsweisen ermöglichen. Laubheuschrecken fressen überwiegend andere Insekten, oder sie sind Allesfresser. Grillen und Feldheuschrecken sind reine Pflanzenfresser.

Die Vertreter aller Heuschreckengruppen sind singbegabt: Sie erzeugen Töne, indem sie einen Flügel zum Schwingen bringen (Stridulieren). Schwingende Membranfelder in den Flügeln, die Schallfelder, unterstützen die Tonerzeugung.

Langfühlerschrecken stridulieren ganz anders als Kurzfühlerschrecken: Die einen reiben die beiden Vorderflügel aneinander, die anderen benutzen die Hinterbeine und

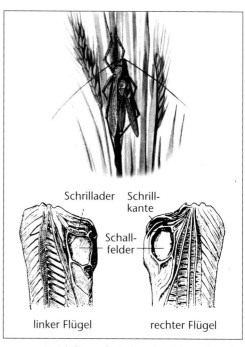

Schrillader   Schrillkante

Schall-
felder

linker Flügel   rechter Flügel

Stridulieren bei einer Laubheuschrecke

... und Zikaden

Kurzfühlerheuschrecke

Bunter Grashüpfer

Blutzikade

Die Blutzikade ist die auffälligste einheimische Zikadenart. Zikaden haben wie die Heuschrecken Sprungbeine, die bei ihnen aber meist unter den Flügeln verborgen sind. Im Gegensatz zu den in Südeuropa und in den Tropen lebenden sind die einheimischen Zikaden stumm. Es sind durchweg kleine Tiere. Mit ihrem Saugrüssel stechen sie Pflanzen an und saugen deren Saft.

die Vorderflügel. Das Musizieren ist also in den beiden Gruppen unabhängig voneinander entstanden. Wie bei den Vögeln singen auch bei den Heuschrecken meist nur die Männchen. Nähert sich ein Weibchen, so setzt das Männchen mit einem Werbegesang ein, bei dem es oft mit mehreren Männchen rivalisieren muss.

Man kann die Arten der Heuschrecken an ihren Gesängen unterscheiden. Lock- und Werbegesänge können jedoch innerhalb einer Heuschreckenart verschieden sein.

Schaumzikade
→ S. 96

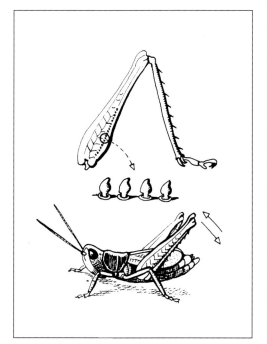
Stridulieren bei einer Feldheuschrecke

Sänger leben gefährlich

Bei Grillen wurde beobachtet, dass durchaus nicht alle Männchen singen. Es gibt vielmehr einige Männchen, die ruhig in der Nähe eines Sängers sitzen und versuchen, diesem die angelockten Weibchen wegzuschnappen.

Die nicht rufenden Männchen kommen nicht häufig zum Zug, ziehen aber aus ihrem Verhalten zweierlei Vorteil: Sie sparen sich die Energie, die zum Singen nötig ist. Und sie setzen sich nicht den Gefahren aus, die mit lautem Lockgesang gegeben sind. Dieser lockt nämlich nicht nur Weibchen, sondern auch Raupenfliegen an, die ihre Eier auf den Sängern ablegen. Das Grillenmännchen stirbt bald ab, nachdem die Fliegenlarven in seinem Körper geschlüpft sind.

Eine Untersuchung ergab, dass 11 von 14 Sängern Maden von Raupenfliegen in ihrem Körper hatten. Unter 29 Nichtsängern waren nur 4 von Fliegenmaden befallen.

Wenn man die Gefahren und die Chance auf erfolgreiche Paarung zusammenzählt, führen beide Verhaltensweisen zum selben Fortpflanzungserfolg. Ganz ohne Sänger aber geht es nicht.

Morgens liegt die Heuschrecke mit der Längsseite zur Sonne auf der warmen Unterlage. In der Mittagshitze sitzt sie mit dem Rücken frontal zur Sonne und hebt den Körper von der heißen Unterlage ab.

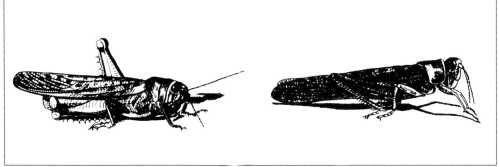

Wärmeregulation bei einer Feldheuschrecke

Sprungweiten in m

Känguruh	10
Löwe	5
Springmaus	2,5
Springfrosch	2
Grashüpfer	2
Floh	0,6

Sonnen. Heuschrecken sind wärmeliebende Tiere. In der Morgensonne kann man Feldheuschrecken still auf der Seite liegend sehen, so dass es fast den Anschein hat, als seien sie tot. In Wahrheit setzen sie die Breitseite ihres Körpers der Sonne aus und erwärmen sich so, bis ihre Körpertemperatur hoch genug ist, um aktiv zu sein. In voller Mittagssonne sitzt die Heuschrecke dagegen senkrecht und frontal zur Sonne, so dass die Strahlen nur auf ihren schmalen Rücken treffen und eine Überhitzung ihres Körpers vermieden wird.

Lauschen mit den Beinen. Wer gut singen kann, muss auch gut hören können. Die Feldheuschrecken hören mithilfe von Trommelfellen, die an den Seiten des ersten Hinterleibrings liegen. Die Laubheuschrecken hören mit den Vorderbeinen. An jedem Vorderbein sind zwei Einsenkungen zu erkennen. Laubheuschrecken haben gleichsam zwei Gehörgänge an jedem Bein.

Jeder führt zu einem Trommelfell. Das ergibt vier Ohren: an jedem Bein zwei. Laubheuschrecken lauschen ihre Umgebung auf Geräusche ab, indem sie ihre Vorderbeine hin und her schwingen. Das entspricht dem Hin- und Herdrehen des Kopfes, mit dem Menschen versuchen, eine Schallquelle zu orten.

Springen und Fliegen. Die mächtigen Hinterbeine der Heuschrecken täuschen nicht. Einige können das 30fache ihrer Körperlänge überspringen. Viele Heuschrecken benutzen ihre Flügel selten oder nur über kurze Strecken. Manche Feldheuschrecken führen jedoch regelrechte Balzflüge auf und erzeugen mit ihren Flügeln charakteristische Knacklaute.

Im Flug bewegen Heuschrecken im Gegensatz zu den Käfern sowohl Vorder- als auch Hinterflügel. Die Hauptarbeit leisten allerdings die häutigen Hinterflügel, die entfaltet eine große Fläche einnehmen.

Die Schienen der Vorderbeine zeigen auf der Vorderseite zwei Spalten. In die Vorderbeine ist hinter jeder Spalte je ein Trommelfell eingesenkt. Der Schall, der direkt auf den Spalt trifft, wird besonders stark wahrgenommen. Der Hörbereich jedes Beins beträgt etwa 70°. Durch Bewegungen der Vorderbeine verändert die Heuschrecke die Bereiche größter Hörstärke.

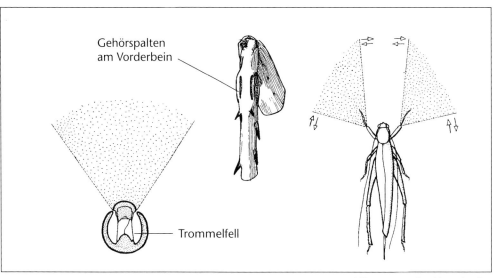

Gehörspalten am Vorderbein

Trommelfell

Hörorgane des Heupferdes

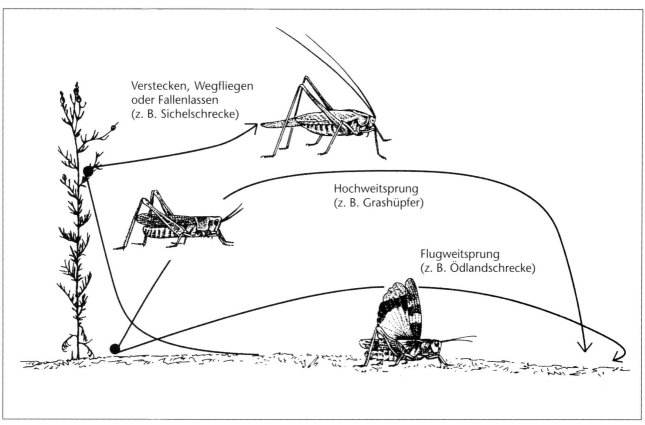

Typen des Fluchtverhaltens bei Heuschrecken

Fluchtverhalten. Springen und Fliegen bestimmen auch das unterschiedliche Fluchtverhalten der Heuschrecken.
Laubheuschrecken, die an Einzelpflanzen oder in hohen Kräuterbeständen leben, sind meist darin versteckt. Wenn ihnen jemand zu nahe kommt, lassen sie sich ins Kräutergewirr fallen oder fliegen eine lange Strecke, bevor sie sich wieder niederlassen. In dichter Vegetation oder auf dem Wege entfliehen Grashüpfer mit rekordverdächtigen Hoch-Weitsprüngen, ohne die Flügel zu entfalten.

Im freien Gelände lebende Ödlandschrecken sind so gut getarnt, so dass man sie meist erst entdeckt, wenn man ihnen zufällig zu nahe kommt. Beim Flugweitsprung setzen sie ihre Flügel ein, wodurch plötzlich die farbigen Hinterflügel sichtbar werden.

Beobachtungsfragen zum Fluchtverhalten

– Wo hält sich die Heuschrecke auf:
am Boden, im Pflanzendickicht, auf einer Einzelpflanze?
– Wie verhält sie sich bei Annäherung:
Verstecken, Tarnhaltung, Flucht?
– Bei welchem Abstand reagiert die Heuschrecke?
– Bei Flucht:
Weglaufen, Fallenlassen, Wegspringen, Wegfliegen?
– Beim Sprung:
mit oder ohne Flügel? Absprungwinkel? Höhe, Weite?
– Wie weit flieht die Heuschrecke?
– Wo landet sie:
am Boden, auf einer Einzelpflanze, zwischen Pflanzen?

Im Süden Deutschlands trifft man manchmal auf ein seltsames Tier, das wie die Insekten-Ausgabe eines Maulwurfs aussieht: Es hat große Grabschaufeln an den Vorderbeinen, einen walzenförmigen Körper, einen kegelförmigen zugespitzten Kopf mit kleinen Augen und eine dichte Behaarung ohne Strich wie das Fell eines wirklichen Maulwurfs. Die Maulwurfsgrille lebt unterirdisch und gräbt ausgedehnte Gänge. Sie

frisst hauptsächlich bodenlebende Kleintiere. Im Gegensatz zum Säugetier-Maulwurf ernährt sie sich auch vegetarisch von Pflanzenwurzeln und kann so Schaden anrichten.

Kuckucksspucke an Kuckuckslichtnelke

Im Schaum freigelegte Larve.
Die Flügelscheiden sind zu erkennen.

An einer Wiesenpflanze befindet sich Kuckucksspucke. Wie weit ist das Kuckucksnest entfernt?

Das ist eine Scherzfrage: Weder baut der Kuckuck ein Nest, noch hat der an Pflanzen haftende «Kuckucksspeichel» etwas mit ihm zu tun. Da man früher nicht wusste, woher der Schaum kommt, führte man ihn auf einen Besuch des Teufels zurück. Dessen Namen aber vermied man, um ihn nicht zu reizen: «Zum Kuckuck!» sagt man noch heute, ohne diese Bedeutung zu kennen.

Die Larven der Schaumzikaden scheiden den bitteren Kuckucksspeichel aus und sitzen dann geschützt unter Schaumwolken. Es gibt mehrere Schaumzikadenarten. Die Weidenschaumzikade ist manchmal so zahlreich, dass ihr Schaum von den befallenen Weiden herabtropft.

Schaumzikaden kann man leicht halten und ihre Verwandlung verfolgen. Man stellt die Stängel mit Kuckucksspucke einfach in ein Glas mit Wasser.

Erwachsene Schaumzikade

Lebensweisen und Umwelt

Meldeneule. Sie ist durch
ihre Färbung perfekt getarnt.

Zusammenleben

Insekten sind aus dem Netz der Lebensbeziehungen der Erde nicht wegzudenken. Unter den Landtieren spielen sie die Hauptrolle als Pflanzenfresser und Beutegreifer, beim Bestäuben der Blütenpflanzen, beim Recyceln organischer Substanzen und als Nahrung für andere Tiere.

Netzwerke und Beziehungskisten

Katzen, Hummeln und Rotklee

«Nur die Hummeln besuchen den Rotklee, denn die anderen Immenarten können den Nektar nicht erreichen. Wir können deshalb als wahrscheinlich annehmen, dass, wenn in England die ganze Gattung der Hummeln selten würde oder gänzlich verschwände, dasselbe beim Rotklee einträte. Die Anzahl der Hummeln eines Gebietes hängt großenteils von der Anzahl der Feldmäuse ab, die ihre Waben und Nester zerstören. Die Anzahl der Mäuse hängt bekanntlich wieder von der Anzahl der Katzen ab. Es ist daher durchaus glaublich, dass die Anwesenheit zahlreicher Katzen durch Vermittlung der Mäuse und dann der Hummeln auf die Anzahl bestimmter Pflanzen einwirken kann.»

Charles Darwin:
Über die Entstehung
der Arten, 1859

Das Netz der Lebensbeziehungen umfasst ungeahnte Wechselwirkungen. Hängt etwa die Stärke britischer Männer von der Anzahl alleinstehender Frauen und Hummeln ab? Gründete sich das britischen Weltreich auf der Einsamkeit von Frauen und der Rüssellänge von Insekten?

Hummeln können mit ihren langen Rüsseln leicht Nektar aus den Blüten vieler Kleearten saugen, während den Honigbienen dies nicht gelingt. Charles Darwin hat aufgrund dieser Verhältnisse eine Kette ökologischer Abhängigkeiten vermutet, in der die Anzahl der Katzen die Vermehrung des Rotklees bestimmt.

Katzen wurden oft von alleinstehenden Frauen gehalten und die Kleeernte als Viehfutter und folglich zum Erzeugen saftiger Steaks verwendet. Dies veranlasste einen Zeitgenossen Darwins, die Kette der Zusammenhänge scherzhaft um zwei Glieder zu verlängern: «Die Stärke britischer Männer und damit der Bestand des britischen Weltreichs hängt von der Anzahl alter Jungfern ab.»

Charles Darwin war ein ökologisch denkender Wissenschaftler. Mit den vielfältigen und weitreichenden Wechselbeziehungen hat er die gemeinsame Geschichte der Lebewesen beschrieben und erklärt.

Die Überschrift über einen Forschungsbericht lautete: «Der Holzwurm nagt gern in den ökologischen Nischen». Der Verfasser will die Gänge der Käferlarven unter der Borke ansprechen und verfällt demselben Irrtum wie viele Laien und sogar Biologen, die die «ökologische Nische» für einen (engen) Raum halten. Das Wort «Nische» verführt dazu, an einen (schützenden) Raum zu denken. Dabei ist das komplexe und aspektreiche System von Wechselbeziehungen zwischen den Lebewesen einer Art und ihrer Umwelt gemeint. Diese Wechselbeziehungen gibt es nur, wenn die betreffende Art existiert. Ökologische Nischen sind daher ohne die Lebewesen gar nicht vorhanden, sondern sie werden von ihnen durch Nutzung der Angebote in einem Lebensraum erst gebildet und dann aufrecht erhalten. Hinter dem Wort «versteckt» sich also eine ganz andere Bedeutung. Man kann das Fachwort durch ein Wort aus dem Bereich menschlicher Beziehungen ersetzen, um auf diese Weise die räumliche Nischenvorstellung salopp ad absurdum zu führen: «Die ökologische Nische ist die Beziehungskiste einer Art».

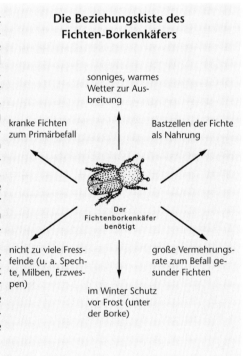

Die Beziehungskiste des Fichten-Borkenkäfers

sonniges, warmes Wetter zur Ausbreitung

kranke Fichten zum Primärbefall

Bastzellen der Fichte als Nahrung

Der Fichtenborkenkäfer benötigt

nicht zu viele Fressfeinde (u. a. Spechte, Milben, Erzwespen)

große Vermehrungsrate zum Befall gesunder Fichten

im Winter Schutz vor Frost (unter der Borke)

Die Lebewesen einer Art und ihre Umwelt bilden eine Einheit: die «ökologische Nische».

Die Eintagsfliege
von Manfred Kyber

Die Eintagsfliege entschlüpfte dem Wasser, kroch langsam ans Ufer und reckte die feinen Flügel in der Junisonne. Eine Lebensform war beendet, eine andere begann. Wie ein ferner Traum verblasste in ihr das Dasein als Larve, ein Dasein voll Raubgier und Hunger, beschwert und gefesselt durch die Dichtigkeit des Wassers. Etwas Neues begann, etwas immer Erahntes und doch erst heute Wirkliches. Leichtigkeit und Licht waren die ersten Frohgefühle dieser Wandlung, und Sinn des Lebens waren nun die blitzenden Schwingen in blauer Luft und goldenem Sonnenschein. Frei von dem, was sie einst selber war, lockte sie das neue Dasein zum Tanz im Äther für ein ganzes, langes Leben von Morgen, Mittag und Abend – und flugfroh zitterten ihre Flügel, bereit zum Aufstieg in die durchsonnte Unendlichkeit.

An einer sumpfigen Stelle des Wassers, dem die Eintagsfliege zu neuem Leben entstiegen war, hockte ein dicker grüner Frosch und sah mit erheblichen Augen und völlig anders gearteten Gefühlen auf das seltsame Geschöpf.

«Das ist eine fette Person, die muss ich unbedingt aufessen», dachte er, und sein reichlich bemessener Mund klappte appetitvoll auf und zu. Langsam und vorsichtig schwamm er näher, mit der Übung des beruflich Ausgebildeten.

Die Eintagsfliege dehnte wieder die Flügel und streckte die Glieder. Irgendeine Schwere war noch zu überwinden, schien es ihr, und plötzlich, einem unbewussten Willen folgend, kroch sie aus sich heraus, häutete sich und stand nun, neugeboren in jedem einzelnen Glied bis auf die federnden Schwingen, vor ihrer eigenen Maske, dem Abguss dessen, was sie gewesen und nun nicht mehr war.

«Nanu?», sagte der Frosch, «jetzt hat sich die fette Person verdoppelt. Das ist ja unerhört. Am Ende werden es noch drei? Welche ist fetter? Welche esse ich?», murmelte er und blieb unbeweglich sitzen, mit der ganzen Geduld des reifen und erfahrenen Frosches. Eine Ameise lief eilig zur Eintagsfliege. Dem dicken Frosch, der zusah, traten die Augen sozusagen aus ihren Ufern. «Sie interessieren mich volkswirtschaftlich», sagte die Ameise. «Sind Sie das hier noch einmal oder ist das Ihre Garderobe?» «Ich weiß nicht», sagte die Eintagsfliege. «Es ist etwas von mir, was unwesentlich war. Was ich selbst bin, fliegt in ein Leben von Sonnenschein.»

«Machen Sie nicht solche Phrasen», sagte die Ameise. «Es handelt sich hier um eine volkswirtschaftliche Frage, die sich vielleicht unseren staatlichen Prinzipien nutzbar machen lässt. Wovon leben Sie?»

«Von Luft, Licht und Sonne», sagte die Eintagsfliege. «Das ist Schwindel», sagte die Ameise. «Davon kann man einen Tag leben, nicht länger.»

«Ich lebe auch nur einen Tag», sagte die Eintagsfliege, «einen Morgen, einen Mittag und einen Abend. Das ist endlos. Gar nicht auszudenken, nicht wahr?»

«Ein anständiges Geschöpf lebt Jahre», sagte die Ameise, «Frühling, Sommer, Herbst und Winter.»

«Ich weiß nicht, was das ist», sagte die Eintagsfliege. «Vielleicht gebrauchen Sie nur andere Ausdrücke. Alles Leben ist doch nur Morgen, Mittag und Abend. Ich kann mir nichts anderes vorstellen.»

«Sie sind eben nicht volkswirtschaftlich und staatlich gebildet», sagte die Ameise.

Der Frosch konnte sich jetzt nicht mehr beherrschen. Er sprang mit einem Satz auf die Hülle der Eintagsfliege zu. Diese von den beiden fetten Personen schien ihm am fettesten. Die Eintagsfliege spannte die Flügel weit aus und flog in Licht, Luft und Sonne hinein und hinter ihr blieb, wesenlos und unwesentlich das, worin sie einmal war – ihr Kleid. Ein neues Dasein begann – Morgen, Mittag und Abend.

«Das ist ja gar keine Person, sondern ein Futteral», quakte der Frosch wütend und setzte erbost ins Wasser zurück. Dick und grün saß er im Sumpf und hatte eine geschwollene Kehle vor lauter Ärger. Die Eintagsfliege gaukelte mit blitzenden Schwingen im Lichterglanz des neuen Daseins für einen Tag, für Morgen, Mittag und Abend.

Zwischen Jugend und Erwachsensein liegen bei manchen Insekten ganze Welten. Eintagsfliegen sind die einzigen Insekten, die sich als geflügelte Insekten noch einmal häuten. Diese Tatsache wurde von Manfred Kyber erzählerisch aufgegriffen.

Fressen und gefressen werden

Gestielte Eier der Florfliege
an einem Grasblatt

Florfliegenlarve

Frisch geschlüpfte Flor-
fliege und Puppenhaut

Larve der Blattlaus-
Schwebfliege

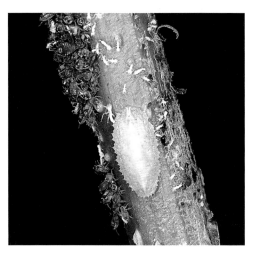

Blattläuse saugen nährstoffhaltigen Saft aus ihren Wirtspflanzen. Sie sind im Stande, diese pflanzliche Substanz sehr schnell in tierliches Eiweiß umzusetzen. Ihre massenhafte und schnelle Vermehrung macht die Blattläuse trotz ihrer kleinen Masse von nur etwa 0,4 mg pro Blattlaus für viele Fleischfresser attraktiv. Die Insekten sind dabei als Blattlausfresser fast unter sich.

Die räuberische Lebensweise der Florfliegen kann man schon an ihren großen Kiefern erkennen. Bereits ihre Larven fressen fast ausschließlich Blattläuse. Eine verwandte Gruppe heißt wegen ihrer Beutetiere Blattlauslöwen.
Die Vorliebe von Marienkäfern für Blattläuse ist allgemein bekannt. In Deutschland kommen 58 Marienkäferarten vor, davon ernähren sich 34 von Blattläusen.
Ohrwürmer sind Allesfresser, die jedoch ebenfalls Blattläusen nachstellen, besonders wenn diese massenweise auftreten.
Mit den Genannten ist die Reihe der Blattlausfresser noch längst nicht zu Ende. Zu ihnen gehören auch viele Insektenlarven, z. B. die Maden einiger Gallmücken- und Schwebfliegenarten, die ihre Opfer aussaugen. Hinzu kommen Schlupfwespen, die Blattläuse anstechen und ein Ei hineinlegen. Ihre Larven fressen die Blattläuse dann von innen her auf.
Getreideblattläuse können erheblichen Schaden für die Getreideernte anrichten. Daher werden ihre Fressfeinde gern als nützliche biologische Schädlingsbekämpfer betrachtet. In Getreidefeldern zählen dazu hauptsächlich zwei Marienkäfer-Arten: der Siebenpunkt und der Vierzehnpunkt. Außerdem spielen Schwebfliegen- und Florfliegenlarven eine Rolle.

Siebenpunkt mit roten
und grünen Blattläusen

Marienkäfer-Larve
→ S. 81

Im Labor konnte gezeigt werden, dass der Siebenpunkt-Käfer bei weitem die meisten Blattläuse vertilgt, besonders die Käferweibchen. Der Vierzehnpunkt-Käfer und Schwebfliegenlarven fressen um etwa ein Drittel weniger Blattläuse. Die Larven der beiden Marienkäferarten und der Florfliegen folgen jeweils mit großem Abstand.

Bei einem Blattlausbefall steht der Landwirt vor der Frage, ob er chemische Mittel einsetzen soll. Die Frage kann entschieden werden, indem der Besatz an Fressfeinden ermittelt wird. Anhand von Feldversuchen wurde errechnet, dass bei warmem Wetter bereits eine Dichte von 10 Siebenpunkt-Marienkäfern oder 17 Schwebfliegenlarven oder 57 Florfliegenlarven pro Quadratmeter die Blattläuse unterdrücken kann. Bei kaltem Wetter sind die Insekten fressfaul, während die Blattläuse sich fast unvermindert fortpflanzen. Daher ist in diesem Fall ein höherer Besatz an Fressfeinden nötig, um die Vermehrung der Blattläuse zu verhindern.

Bei vielen Blattlausarten gibt es Individuen verschiedener Farbe, z. B. rote und grüne. Marienkäfer orientieren sich bei der Blattlausjagd mit den Augen. Grüne Blattläuse sind daher gut getarnt. Die roten müssten eigentlich aussterben, da sie ganz überwiegend gefressen werden. In vielen Blatt-lauskolonien kommen dennoch unverändert rote und grüne Blattläuse vor. Die Ursache liegt darin, dass die Blattläuse auch von Schlupfwespen verfolgt werden. Diese legen ihre Eier vorzugsweise in grüne Blattläuse. Die Ursache ihrer Vorliebe für grüne Blattläuse ist unbekannt.

Als Folge der unterschiedlichen Verfolgung durch die beiden Feinde werden die roten und die grünen Blattläuse gleich häufig dezimiert: die grünen durch die Schlupfwespen, die roten durch die Marienkäfer. In einer Population von Blattläusen wird das Verhältnis der beiden Blattlausformen dadurch im Gleichgewicht gehalten: Da jede Form einen Vorteil und einen Nachteil hat, überleben beide Farbvarianten.

Blattlaus-Schlupfwespe
sticht Blattlaus an.

Ohrwürmer sind Allesfresser. Ein erheblicher Teil ihrer Nahrung kann aus Blattläusen bestehen.

Auch einige Gallmücken-larven leben von Blattläusen, die sie aussaugen.

Näher betrachtet: Blattläuse und ihre Feinde

geflügeltes
Blattlausweibchen

ungeflügeltes
Blattlausweibchen

gebärendes
Blattlausweibchen
mit Töchtern

Beobachtungen an Blattlauskolonien

Von Blattläusen befallene Pflanzen geben Gelegenheit zu folgenden Untersuchungen:

– Größe der Kolonie? (evtl. Auszählen eines kleineren Teils und Hochrechnen),
– Dichte der Kolonie: Wie eng sitzen die Tiere, wie viele mit Körperkontakt?
– Unterscheiden sich die Tiere in der Körpergröße?
– Gibt es unterschiedlich gefärbte Tiere?
– Wie viele geflügelte Läuse sind vorhanden?
– Wo saugen die Tiere?
– Welche Farbe haben diese Pflanzenteile?
– Welche Blattlausfresser sind in der Nähe oder in der Kolonie zu finden?
– Sind Ameisen vorhanden? Wie verhalten sie sich gegenüber den Blattläusen?

Mit der Lupe lassen sich Körpergliederung, Hinterleibsröhrchen und Saugrüssel deutlich erkennen.

Gebärfreudige Männchen?

Die Jungfernzeugung der Blattläuse wurde 1699 von Antony van Leeuwenhook entdeckt. Damals gab es einen heftigen Streit darüber, ob neue Lebewesen aus Eiern oder Spermien entstehen.
Da Leeuwenhook Anhänger der Spermientheorie war, erklärte er die gebärenden Blattläuse kurzerhand zu Männchen.

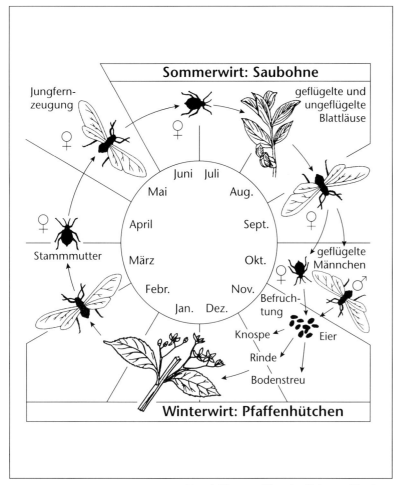

Entwicklungszyklus der Bohnen-Blattlaus

Für die Sexualwissenschaftler wären die Blattläuse ideale Objekte. Die ungeflügelten Tiere sind sämtlich Jungfrauen (Virgines), die am laufenden Band Töchter gebären. Die Jungfernzeugung ist viel schneller als die zweielterliche Fortpflanzung, bei der die Hälfte der Individuen, nämlich die Männer, keine Nachkommen hervorbringt. Die Jungfern sind außerdem lebendgebärend: Ihre Töchter tragen schon vor der eigenen Geburt Embryonen in sich. Eine Blattlaus ist so gleichzeitig werdende Mutter und Großmutter.

Jungfrauen sind also die Urheber der Massenvermehrung der Blattläuse. Bei großer Bevölkerungsdichte in einer Kolonie treten geflügelte Tiere auf. Von ungeflügelten Jungfern gezeugt, sind sie ebenfalls Jungfrauen, die zu neuen Nahrungspflanzen fliegen und durch fortgesetzte Jungfernzeugung jeweils eine neue Kolonie gründen.

Zum Winter hin, bei ungünstiger Witterung und abnehmender Tageslänge bringen einige Jungfern plötzlich geflügelte Männchen hervor. Andere gebären besondere ungeflügelte Weibchen, die sich mit den Männchen paaren. Sexuales werden diese Geschlechtstiere genannt. Die begatteten Weibchen legen befruchtete Eier.

Nur diese Eier überstehen den Winter. Aus ihnen schlüpfen im nächsten Frühjahr geflügelte Stammmütter, die jede eine Kolo-

Die Lieblingsfarben einer Blattlaus

Die Lieblingsfarben von Blattläusen kann man mit einer Farbwahl-Arena ermitteln: Man braucht dazu einen leeren Margarine- oder Quarkbecher von etwa 10 cm Durchmesser. Auf der Innenwand werden senkrechte Linien im Abstand von 2 cm gezeichnet und mit Farben ausgemalt (z. B. mit Filzstiften). Jeder Streifen soll eine Farbe haben, die sich vom benachbarten Streifen deutlich unterscheidet. Dieselbe Farbe kann mehrmals vorkommen, aber alle Farben müssen gleich häufig vertreten sein (z. B. je zweimal Gelb, Blau, Grün, Rot, Schwarz und Weiß). Wenn die Innenseite nicht weiß ist oder sich schlecht bemalen lässt, kann man einen Papierstreifen bemalen und einkleben. Falls der Boden für das Laufen der Blattläuse zu glatt ist, klebt man eine Papierscheibe auf. Die Mitte wird durch einen kleinen Kreis markiert.

Am Nachmittag vor dem Versuch sammelt man etwa 20 Blattläuse. Sie werden vorsichtig mit einem feinen Pinsel von der Pflanze abgelöst, so dass sie in ein Sammelgläschen fallen. Über Nacht bleiben sie ohne Futter, damit sie suchaktiv werden.

Der Versuchsbeginn wird protokolliert. Das Sammelgläschen wird in der Mitte der Arena umgestülpt. Bei der weiteren Durchführung arbeitet man am besten zu zweit. Einer trägt in das Protokoll die Farbe ein, die eine Blattlaus erreicht hat, der andere entfernt das Tier mit dem Pinsel aus der Arena, damit es nicht doppelt gezählt wird. Nach drei Minuten wird der Versuch abgebrochen. Blattläuse, die nicht auf die Wand zugelaufen sind, sind nicht in Suchstimmung.

nie gründen und so den Reigen der Jungfrauen erneut eröffnen.

Blattläuse sind hinsichtlich der Pflanzen, an denen sie saugen, durchaus wählerisch. Junge und alternde Pflanzenteile enthalten verhältnismäßig viel Eiweiß. Sie werden daher von den Blattläusen bevorzugt. Offensichtlich orientieren sich Blattläuse an der Farbe dieser Pflanzenteile, denn sie haben eine deutliche Vorliebe für die Farbe Gelb. Deshalb bekämpft man geflügelte Blattläuse mit gelben Fangschalen.

Viele Blattlausarten haben ihre besonderen Wirtspflanzenarten, z. B. die schwarze Bohnen-Blattlaus, die im Sommer regelmäßig an Saatwicken («Dicken Bohnen») zu finden ist. Zwischen Blattläusen und Ameisen besteht eine Allianz. Da der Pflanzensaft viel Zucker und nur wenig Eiweiß enthält, scheiden die Blattläuse einen großen Teil des Zuckers wieder aus. Ameisen betrillern Blattläuse, worauf diese einen Tropfen Zuckersaft abgeben. Im Gegenzug betätigen sich die Ameisen als gute Hirten: Sie schützen ihre Nutzviehherde gegen Löwen und andere Raubtiere.

Gegen Schlupfwespen sind selbst Ameisen machtlos. Diese Feinde der Blattläuse können sogar durch Duftstoffe angelockt werden, die befallene oder beschädigte Pflanzen abgeben. Sie werden daher gezüchtet und als Schädlingsbekämpfer eingesetzt.

Schädlingsbekämpfung mit Schlupfwespen

Weiße-Fliegen-Schlupfwespe

Schlupfwespen sind bei Nützlingsversandfirmen erhältlich. Für Versuche eignen sich vor allem die Weiße-Fliegen-Schlupfwespe und verschiedene Blattlaus-Schlupfwespen. Sie werden als Puppen in handlichen Stickern geliefert. Zur Bekämpfung der Weißen Fliegen wird die 24. bis 50. Kalenderwoche als günstig angegeben. Temperaturen um 25°C begünstigen die Entwicklung der Schlupfwespen.

Um zu überprüfen, ob befallene oder beschädigte Pflanzen die Schlupfwespen anlocken können, verteilt man die vier Versuchspflanzen in einem Raum, in dem man eine geschätzte Anzahl von Schlupfwespen freilässt. Man beobachtet, wie viele Schlupfwespen sich auf ihnen sammeln: nach einer Stunde, drei Stunden, einem und zwei Tagen.

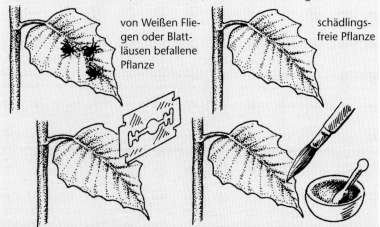

von Weißen Fliegen oder Blattläusen befallene Pflanze

schädlingsfreie Pflanze

schädlingsfreie Pflanze, bei der einige Blätter mit einer Rasierklinge längs angeschnitten werden

schädlingsfreie Pflanze, bei der einige Blätter mit zerquetschten Blattläusen bestrichen werden

Konkurrenz um Aas und Dung

Totengräber, Goldfliege und Maden am Aas

Brutpflege des
Totengräbers → S. 106

Entwicklung der
Schmeißfliegen → S. 46

Über Geschmack lässt sich streiten – doch Insekten haben andere Maßstäbe:

Aas und Dung sind knappe und vergängliche Ressourcen, die unvorhersehbar auftreten und daher schnell und möglichst vor allen anderen Interessenten genutzt werden müssen.

Wenn Schmeißfliegen und Totengräber gemeinsam am Aas sind, dann hat der Aaskäfer die Konkurrenz um die wertvolle Nahrung für den Nachwuchs eigentlich schon verloren, denn die Maden der Fliegen entwickeln sich schnell und fressen das Fleisch zum großen Teil auf, bevor die Totengräberlarven geschlüpft sind. Es sei denn, der Totengräber hat räuberische Mil-

ben mitgebracht, die ihn als Flugzeug zum Aas benutzen. Diese Milben fressen die Eier von Schmeißfliegen. Damit ist die Leiche zur Aufbereitung für den Totengräbernachwuchs geeignet und zur Beerdigung freigegeben.

In ähnlicher Weise halten die von Mistkäfern transportierten Milben den Dung madenfrei.

Ein Totengräberpaar vergräbt einen Kadaver bis zur Größe einer Ratte in knapp einer Stunde und entzieht ihn damit den zu spät kommenden Fliegen. Danach vertreibt das Weibchen das Männchen.

Die Sorge des Weibchens für den Nachwuchs ist damit längst nicht zu Ende, sondern es betreibt eine umfangreiche Brutpflege, die mit Füttern und Beschützen der Larven an die der Vögel und der Säugetiere erinnert.

Manche Dungbesucher, wie Schmetterlinge und Dungfliegen, naschen vom Saft des frischen Dungs, der wichtige Mineralstoffe enthält. Aber nicht alle an Dung anzutreffenden Insekten nutzen diesen selbst als Nahrung. Beutegreifer wie die Kurzdeckenkäfer haben es vielmehr auf Fliegen sowie deren Eier und Larven abgesehen.

Auch die Kotwespe macht Jagd auf die vom Dung angelockten Fliegen. Sie gehört zu den Grabwespen. Sobald sie eine Fliege gefangen hat, lähmt sie sie mit ihrem Giftstachel und trägt sie als lebenden Proviant für ihre Larven ins Nest ein.

Der Speckkäfer lebt an alten Kadavern und in Fellen, aber auch als Vorratsschädling im Haus.

Stutzkäfer findet man gleichermaßen an Aas und Dung.

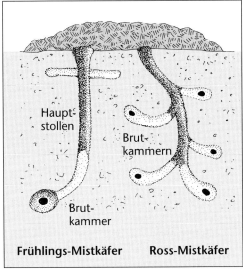

Brutgänge des Frühlings- und des Ross-Mist-
käfers unter einem Kuhfladen

Untersuchungen an Kuhfladen

Auf einer möglichst erst kurz vorher vom Vieh verlassenen Rinder-
weide können Tiere an Kuhfladen verschiedenen Alters beobachtet
werden. Man notiert:
– den Zustand des Fladens,
– die Arten oder Gruppen der Besucher,
– ihre Ankunftszeit, Aufenthaltsdauer und ihr Verhalten.
Wenn man die Beobachtungen mehrere Tage nacheinander wie-
derholen will, markiert man den Fladen mit einem kleinen Fähnchen.
Ältere Dungfladen werden auf Spuren untersucht. Sie werden mit
einem Stöckchen und Einweghandschuhen gewendet. Im Boden unter den Fladen kann man häufig fingerdicke Gänge von Mistkäfern
finden. Durch vorsichtiges Stochern mit einem Grashalm kann man
die Käfer veranlassen, an die Oberfläche zu kommen. Der von den
Mistkäfern in den Boden verfrachtete Dung bleibt feucht und dient
als Vorrat für die Larven. Auf ein Nachgraben sollte man verzichten,
um die Brut nicht zu zerstören.

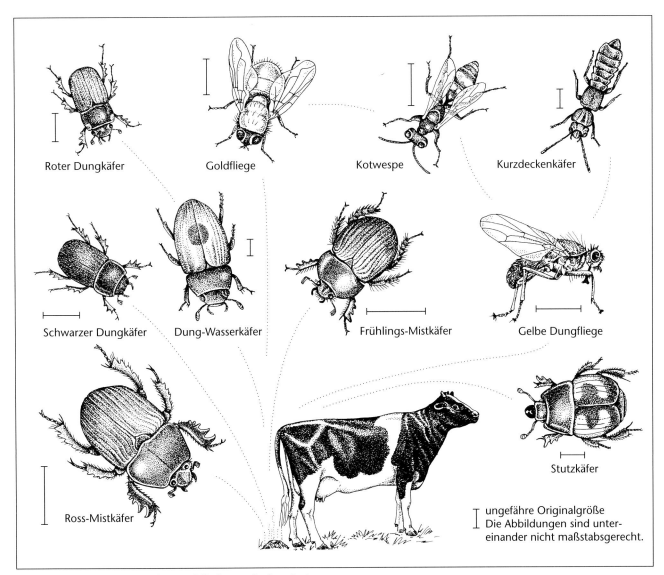

Insekten, die häufig an frischen Kuhfladen zu finden sind.

Die Sorge um den Nachwuchs

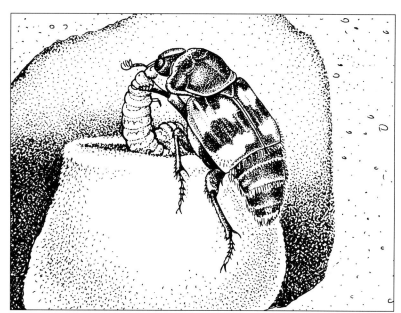

Totengräberweibchen füttert eine Larve.

Beerdigung und Leichenschmaus

Vom Aasgeruch angelockt, treffen häufig mehrere Totengräber bei einer toten Maus oder einem toten Vogel ein. Die Käfer laufen eilig um den Leichnam herum, besteigen ihn, wühlen im Fell und beginnen mit dem Eingraben. Schließlich vertreibt das stärkste Pärchen die Konkurrenten.

Das Eingraben erfolgt technisch perfekt mit angeborenem Können. Die Käfer kriechen unter die Leiche und räumen die Erde zur Seite. Ist der Untergrund steinig, so können sie den Leichnam auch etwas verrücken. Um die Leiche bildet sich ein kleiner Erdwall. Sie versinkt allmählich durch ihr eigenes Gewicht. Die Käfer stoßen sie zusätzlich seitlich an, so dass sie zusammengedrückt wird und abstehende Teile wie Gliedmaßen oder Schwanz an den Körper angelegt werden. Die Leiche wird so immer mehr zu einer kompakten Aaskugel geformt. Nach drei bis 10 Stunden ist die Beerdigung beendet.

Nun vertreibt das Weibchen seinen Partner und beginnt mit dem eigentlichen Brutgeschäft, das mit der Eiablage beginnt. Das Weibchen legt seine Eier nicht auf die Aaskugel, sondern gräbt einen Larvengang in das umgebende Erdreich, von dem seitlich kleine Erdhöhlen abzweigen, in die die Eier abgelegt werden. Dann kriecht es

zur großen Höhle zurück, in der die Aaskugel liegt. In diese gräbt es von oben her einen kleinen Krater und erbricht in ihn mehrmals Verdauungssaft, der die ganze Aaskugel durchtränkt. Durch den Saft wird das Aas vorverdaut.

Etwa fünf Tage nach der Eiablage schlüpfen die Larven. Kurz zuvor frisst das Weibchen vom Aas und läuft danach leise zirpend durch den Larvengang. Die nacheinander schlüpfenden Larven werden mit diesem Zirpen und mehrfachen Hin- und Herlaufen von der Mutter zur Aaskugel gelockt.

Die 10 bis 20 Larven sitzen schließlich dicht gedrängt in dem vorbereiteten Krater mit dem Kopf zum Kraterrand. Sie fressen aber nicht etwa selbst vom vorbereiteten Aas, sondern betteln wie Vogeljunge nach Futter, indem sie der Mutter die Köpfe entgegenrecken. Diese zirpt darauf und lässt kleine Futtertropfen aus ihrem Munde hervortreten, mit denen sie die Larven der Reihe nach füttert. Die Fütterung ist zeitaufwendig: Um alle Larven einmal zu füttern, benötigt das Weibchen zwei bis vier Stunden.

Die Larvennahrung besteht aus einem Gemisch der vom Weibchen aufgenommenen Nahrung und seinem Darmsaft. Die Larven verpuppen sich nach etwa sieben Tagen.

Die Larven können durchaus selber vom Aas fressen, was sie mit zunehmendem Alter auch tun. Larven, die selbst fressen müssen, verpuppen sich genauso schnell wie diejenigen, die von der Mutter gefüttert wurden. Aus ihren Puppen schlüpfen aber nur selten Käfer. Die Fütterung ist also für die normale Entwicklung der Larven nötig. Wahrscheinlich werden von der Mutter mit dem Nahrungssaft Wirkstoffe abgegeben, die für eine vollständige Entwicklung, vor allem für die Verwandlung zum Käfer wichtig sind.

Die Verpuppung der Larven geschieht im Boden nahe ihrer unterirdischen Kinderstube. Im Sommer können die Käfer schon 14 Tage später schlüpfen. Im Herbst jedoch überwintern die reifen Larven regungslos im Boden und verpuppen sich erst im Mai. Die ersten Totengräber des neuen Jahres erscheinen dann im Juni.

Brutfürsorge des Birken-Blattrollers → S. 87

Brutpflege der Dreiphasen-Sandwespe → S. 38 f.

Kinder- und Geschwisterliebe

Bienen betreiben viele Formen von Brutfürsorge und Brutpflege. Aus der Vielfalt kann man eine Entwicklungsreihe von einzeln lebenden Wildbienen zum Sozialleben der Honigbiene rekonstruieren.

Die Völker der Hummeln, Faltenwespen, Ameisen und der Honigbiene zeichnen sich dadurch aus, dass nur ein einziges Weibchen Eier legt, die Königin. Alle anderen Weibchen übernehmen die Pflege der Brut. Brutpflege ist ein aufwendiges Verhalten zur Sicherung der eigenen Reproduktion. Der Erfolg im Leben eines Tieres bemisst sich nach der Anzahl seiner überlebenden Nachkommen. Warum «verzichten» dieWeibchen der sozial lebenden Hautflügler auf eigene Kinder und setzen sich stattdessen für ihre Schwestern ein? Man erklärt sich diese soziale Ader mit den besonderen Verwandtschaftsverhältnissen. Die Männchen entstehen bei Hautflüglern aus unbefruchteten Eiern und haben daher nur einen Chromosomensatz in ihren Körperzellen. Da die Schwestern vom Vater alle denselben Chromosomensatz erhalten, sind sie untereinander genetisch näher verwandt als mit ihrer Mutter: Mit der Mutter haben sie wie andere Tiere nur die Hälfte der Chromosomen gemeinsam, mit den Schwestern dagegen durchschnittlich drei Viertel. Bei anderen Tieren (und den Menschen) haben die Geschwister durchschnittlich nur die Hälfte der Chromosomen gemeinsam.

Chromosomen der Eltern	Vater: C D				
	Chromosomen der Geschwister	AC	BC	AD	BD
Mutter: AB	AC	1	1/2	1/2	0
	BC	1/2	1	0	1/2
	AD	1/2	0	1	1/2
	BD	0	1/2	1/2	1

Mittlerer Verwandtschaftsgrad von Geschwistern: 1/2
Mittlerer Verwandtschaftsgrad von Schwestern bei Hautflüglern: 3/4

Verwandtschaftsgrad von Schwestern bei Hautflüglern und bei anderen Tieren (am Beispiel von einem Chromosomenpaar)

Wenn genetische Verwandtschaft bei der Fortpflanzung zählt, dann ist es für Hautflüglerweibchen lohnender, sich bei der Aufzucht der Schwestern erfolgreich zu engagieren, als eigene Kinder großzuziehen. Diese Verhältnisse mögen die Entstehung von Brutpflege treibenden Völkern der Hautflügler begünstigt haben. Aber sie erklären nicht alles. Die Mehrzahl aller Hautflügler lebt nämlich einzeln, obwohl auch für sie dieselben Verwandtschaftsverhältnisse gelten.

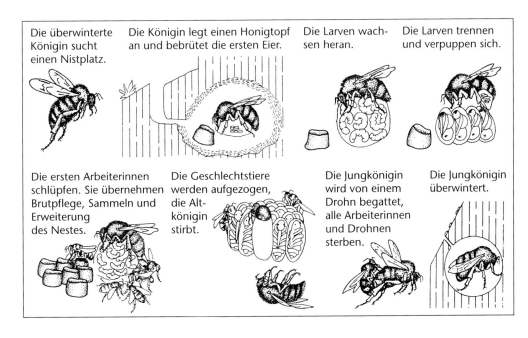

Die überwinterte Königin sucht einen Nistplatz.

Die Königin legt einen Honigtopf an und bebrütet die ersten Eier.

Die Larven wachsen heran.

Die Larven trennen und verpuppen sich.

Die ersten Arbeiterinnen schlüpfen. Sie übernehmen Brutpflege, Sammeln und Erweiterung des Nestes.

Die Geschlechtstiere werden aufgezogen, die Altkönigin stirbt.

Die Jungkönigin wird von einem Drohn begattet, alle Arbeiterinnen und Drohnen sterben.

Die Jungkönigin überwintert.

Brutpflege bei Hummeln: Entwicklung eines Hummelvolkes

Das Zitronenfalter-Weibchen ist grünlich, das Männchen zitronengelb.

Partner fürs Leben

Hirschkäfer bestätigen alte Traditionen: Männer tragen große, imponierende Waffen. Aber die Weibchen können mit ihren kleineren Kieferzangen viel kräftiger und manchmal schmerzhaft zubeißen.

Das Männchen des Zitronenfalters leuchtet in stärkerem Gelb als die blassen Weibchen. Aber nicht immer sind die Insektenmännchen prächtiger gefärbt oder größer als ihre Weibchen, bei vielen Bockkäfern ist es beispielsweise umgekehrt.

Vielfältig sind die Methoden, mit denen Insekten ihre Partner finden. Die Blütenböcke treffen ihre zukünftigen Partner zufällig an der Bar, Mist und Aaskäfer führt der lockende Duft eines Festmahles zusammen. Libellenmännchen kapern sich ihre Weibchen im Flug. Die Königinnen

Roter Halsbock. Das rotbraune Weibchen ist oft am Brutholz anzutreffen.

Das braune Männchen ist wesentlich kleiner als das Weibchen.

Bei vielen Libellenarten sind die Weibchen blasser gefärbt als die Männchen, und es herrschen bräunliche Farben vor.

Die Weibchen des Plattbauchs sind gelb-braun gefärbt.

Die blau gefärbten Männchen sind viel seltener zu sehen als die Weibchen.

der Honigbienen und Ameisen laden einen Schwarm schon wartender Bewerber zu einer einmaligen Hochzeitsreise ein, die für die erfolgreichen Männchen mit einer tödlich wirkenden Begattung endet.

Bei einigen Nachtfaltern senden die Weibchen Duftstoffe aus, die Männchen anlocken. So hat ein Weibchen vom Wiener Nachtpfauenauge, das sich in einem Gazekäfig befand, innerhalb von 7 Stunden 127 Männchen angelockt. Ein Wurzelbohrerweibchen war kurz nach dem Schlupf aus der Puppe bereits von 70 Männchen umgeben.

Die Männchen dieser Falter besitzen Sinneszellen auf den Fühlern, mit denen sie in der Lage sind, ein einziges Molekül des Duftstoffes von einem mehrere Kilometer entfernt sitzenden Weibchen wahrzunehmen. Die Männchen fliegen dann einfach gegen den Wind, der ihnen das Duftmolekül zugetragen hat. Erst in der Nähe des Weibchens können sie sich an der zunehmenden Duftstärke orientieren und sich gezielt auf die verlockende Duftquelle zubewegen.

Überdimensionierte stark gefiederte Fühler findet man vor allem bei Spinnern. Bei Spannern sind die Unterschiede zwischen Männchen und Weibchen dagegen nur gering, aber zuweilen doch deutlich zu kennen, wie z. B. bei einem Pärchen des Grünen Blatts.

Tagfalter orientieren sich meist mit den Augen. So reagieren die Männchen des Kaisermantels auf die ockerbraune Farbe ihrer Partnerin.

Pärchen des Grünen Blatts

Schwammspinnermännchen mit gefiederten Fühlern

Kleine Schmalböcke treffen sich am Futterplatz.

Das braune Männchen ist gerade auf dem Kälberkropf gelandet.

Das Männchen nähert sich dem Weibchen.

Das Männchen ist aufgeritten und hat seinen Penis zur Begattung ausgestülpt.

Von Menschen und Mücken

Stechende Insekten haben die ganze Sippe in Verruf gebracht. Aber wenn zwei das Gleiche tun, ist das noch lange nicht Dasselbe.

Bienen und Faltenwespen, Stechmücken, Stechfliegen und Bremsen können Menschen stechen. Wie sie stechen und aus welchem Grund sie dies tun, ist jedoch ganz unterschiedlich.

Die Stiche von einer Mücke bemerkt man meist erst, wenn sie anfangen zu jucken. Die Mücke ist dann bereits auf und davon, nachdem sie eine warme Blutmahlzeit in sich aufgesogen hat. Mücken stechen wie andere Zweiflügler mit ihren Mundwerkzeugen, die zu einem Saugrüssel mit Stechborsten ausgebildet sind. Zweiflügler stechen also «vorne». Der dabei in die Wunde gelangende Speichel verhindert die Blutgerinnung während des Saugens.

Als Reaktion auf den Speichel der Mücke schwillt die gestochene Stelle an und fängt an zu jucken. Als Blutsauger müssen Stechmücken und andere stechende Zweiflügler bis zu den Kapillaren der Lederhaut durchdringen. Die kleine Blutspende schadet an sich einem Menschen nicht, aber juckende Quaddeln sind mehr als unangenehm. Manche Personen reagieren zudem allergisch auf den Speichel der Blutsauger.

Ganz anders als bei den Mücken verhält es sich mit dem Stechen der Honigbiene und Wespen. Bei diesen Insekten dient das Stechen als Waffe. Ihr Stachel dient ursprünglich der Eiablage (Legestachel). Er besitzt außerdem eine Giftdrüse. Hautflügler stechen «hinten»: Mit dem Stachel wird Gift in das gestochene Opfer gepumpt. Aufgrund kleiner Widerhaken bleibt der Stachel der Honigbiene samt anhängender Giftdrüse in der Haut stecken. Daher wird immer noch Gift in den Körper des Opfers gepumpt, wenn die Biene längst fortgeflogen ist. Die Biene überlebt den Verlust des Stachels allerdings nicht, sondern stirbt kurz danach. Der Stachel einer Wespe ist dagegen glatt, so dass sie ihn herausziehen und danach erneut zustechen kann.

Stechen bei Bienen und Mücken

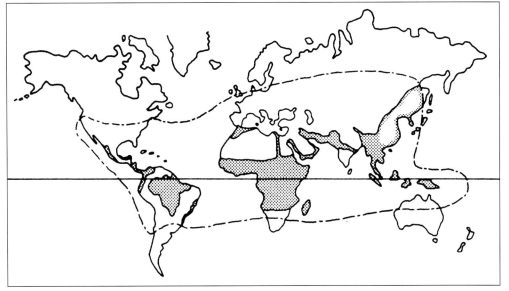

Verbreitung der Malaria. In den gepunkteten Bereichen tritt Malaria gegenwärtig häufig auf. Die gestrichelte Linie gibt die ursprüngliche Verbreitung an.

Stechfliege → S. 46

Bettwanze → S. 78

Läuse → S. 126

Bienen und Wespen stechen also nur in Not. Für Personen, die nicht gegen Bienen- und Wespenstiche allergisch sind, sind die Stiche zwar schmerzhaft, aber völlig ungefährlich. Nachdem der Stachel entfernt und der Stich ausgesaugt ist, kann eine Küchenzwiebel, die mit der Schnittfläche auf den Stich gelegt wird, den Schmerz und die Schwellung erheblich mildern.

Eines haben Mücken, Bienen und Wespen gemeinsam: Es stechen immer nur die Weibchen. Bei den Bienen und Wespen ist das so, weil nur die Weibchen einen Giftstachel besitzen. Bei den Männchen gehört er nicht zur Ausstattung, da er ein umgewandelter Legestachel ist. Hummelmännchen können ebenso wenig stechen wie die Drohnen der Honigbiene.

Die Weibchen der Stechmücken benötigen unbedingt Blutmahlzeiten, um ihre Eier reifen zu lassen und mit wertvollen Nährstoffen zu versorgen. Wie die meisten anderen Mückenarten sind die Männchen der Stechmücken harmlos. Sie saugen nur Pflanzensäfte.

Bei Stechfliegen und Bremsen stechen hingegen beide Geschlechter. Ihren Stich bemerkt man schon beim Einstechen. Er ist weit unangenehmer als der der Stechmücken, wohl weil ihre Stechrüssel dazu geeignet sind, die dicke Haut von Pferden und Rindern zu durchstechen, und daher grob in die Haut eindringen.

Ein großer Befall an Stechfliegen kann Rinder so sehr belästigen, dass der Milchertrag erheblich gemindert wird.

Mückenstiche können tödlich sein. Die Fiebermücke überträgt nämlich die Erreger der Malaria. Malaria ist diejenige Infektionskrankheit, an der noch heute die meisten Menschen sterben und die in der Geschichte das Überleben der Menschheit am stärksten bedroht und zumindest den Lauf der Geschichte stark beeinflusst hat. Früher trat Malaria regelmäßig auch in Europa auf. Noch Ende des 20. Jahrhunderts wurden zwei Personen in Deutschland auf einem Flughafen von einer «importierten» Fiebermücke infiziert.

In den Tropen stellen die durch blutsaugende Insekten übertragenen Krankheiten weiterhin ein großes Problem dar. Neben der Malaria wird auch Gelbfieber durch Mücken übertragen, die Schlafkrankheit hingegen durch die Tse-Tse-Fliege, die auch Erreger von Rinderseuchen überträgt und die «Geißel Afrikas» genannt wird. Früher traten derartige Seuchen auch in den gemäßigten Breiten auf. Die Pest wurde von Flöhen übertragen, Fleckfieber ebenfalls von Flöhen und von Läusen.

Auch wenn man Mücken, Stechfliegen, Bremsen, Flöhe, Bettwanzen und Läuse zusammennimmt, dann bilden die Blutsauger unter den Insekten immer noch eine verschwindend geringe Minderheit. Es ist deshalb nicht gerechtfertigt, alle übrigen sechsbeinigen Krabbler, Hüpfer und Summer für die wenigen blutdurstigen Verwandten in Sippenhaft zu nehmen und sie gedankenlos allesamt als Ungeziefer totzuschlagen.

Gemeine Stechmücke

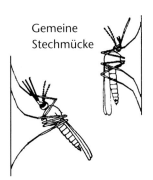

Fiebermücke: «Hängt eine Mück' schräg an der Wand, ist ihr Malaria bekannt.»

Die Italienkriegszüge der Goten und die der deutschen Kaiser scheiterten durch Malaria. Allein sieben Kaiser fielen ihr zum Opfer. Napoleons Eroberungszug nach Ägypten scheiterte, weil sein Heer durch Malaria dezimiert wurde. So kam das Land nicht unter französische, sondern unter englische Herrschaft. Auch im Ersten Weltkrieg gab es in Südosteuropa zahlreiche Malariafälle unter den Soldaten.

Malaria in der Geschichte Europas

111

Im Wechsel der Jahreszeiten

*Insekten lieben den Sommer, der ihnen die nötigen
Temperaturen für ihr wechselwarmes Temperament liefert.
Doch einige sind selbst im tiefsten Winter aktiv.
Das Landkärtchen kleidet sich sogar entsprechend der Jahreszeit.*

Das Frühlings- und das Sommerkleid des Landkärtchens

Der Frühlingsfalter leuchtet hell ockergelb wie die Frühlingssonne. Der Sommerfalter hat dunkle Flügel, die die Wärme der Sommersonnenstrahlen einfangen.

Zwei Kleider, zwei Jahreszeiten – und doch nur eine Art?

Der große Naturforscher Carl von Linné zögerte nicht, die Frühlings- und Sommerfalter des Landkärtchens als zwei verschiedene Arten zu beschreiben, denn die beiden Formen sind sehr scharf voneinander zu trennen. Außerdem treffen sie nie zusammen, da sie durch die Jahreszeiten voneinander isoliert sind. Sie können sich also nicht miteinander fortpflanzen. Sogar ihre Geschlechtsorgane sind unterschiedlich geformt. Das sind alles Gesichtspunkte, nach denen Biologen die Lebewesen üblicherweise in Arten einteilen. Und doch wurde schon vor etwa zweihundert Jahren durch genaue Naturbeobachtungen erkannt, dass es sich bei den beiden Falterformen um Angehörige nur einer einzigen Art handelt: Die dunklen Falter sind

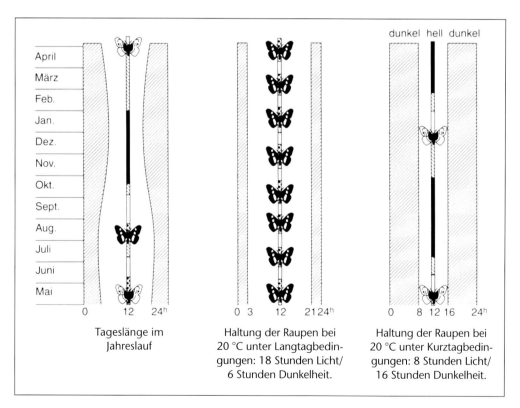

Jahreslauf und Laborexperimente: Entwicklung von Landkärtchen im Langtag und im Kurztag

Tageslänge im Jahreslauf

Haltung der Raupen bei 20 °C unter Langtagbedingungen: 18 Stunden Licht/ 6 Stunden Dunkelheit.

Haltung der Raupen bei 20 °C unter Kurztagbedingungen: 8 Stunden Licht/ 16 Stunden Dunkelheit.

Landkärtchen: Frühjahrsform

Sommerform

die Nachkommen der hellen, die dunklen zeugen wieder helle und so fort.

Wie aber können hellbraune Falter fast schwarze Nachkommen haben? Und wie können dunkle Falter die Eltern von hellen sein?

1954 wurde erkannt, dass die Tageslänge festlegt, wie die Falter aussehen werden. Die Entscheidung fällt während der Raupenphase.

Im Freiland verändern sich die Längen von Nacht und Tag mit dem Jahreslauf. Im Labor kann man in Experimenten die Helligkeitsperioden künstlich gleich lang halten oder beliebig verändern. Lässt man die Raupen im Langtag aufwachsen, so erhält man Falter der Sommerform, im Kurztag gehaltene Raupen bringen dagegen Falter der Frühjahrsform.

Gleichzeitig löst der Kurztag noch ein weiteres Verhalten aus: Bei im Kurztag aufgezogenen Raupen ist die Puppenruhe um mehr als drei Monate verlängert (Diapause). Daher kann man im Experiment pro Jahr nie mehr als zwei Generationen der Frühjahrsform hervorbringen, während man acht pausenlos aufeinander folgende Generationen der Sommerform heranzüchten kann, da deren Puppen nie eine lange Ruhezeit einlegen.

Diese unter Laborbedingungen erzielten Ergebnisse lassen sich sehr gut mit dem Auftreten der Falter im Freiland vereinbaren: Wachsen die Raupen im Juni oder Juli auf, also im Langtag, dann werden die Falter das Sommerkleid tragen. Entwickeln sie sich dagegen in den kurzen Tagen des Oktobers, dann werden die Puppen eine lange Ruhepause einlegen und die Falter das Frühjahrskleid anziehen.

Neben der Tageslänge hat auch die Temperatur Einfluss auf die Färbung der Falter. Sie spielt aber eine untergeordnete Rolle.

Die jahreszeitlichen Kleider des Landkärtchens zeigen, dass Umweltfaktoren das Erscheinungsbild von Organismen stark abwandeln können. Man kann sie sogar für verschiedene Arten halten, wenn man sich nur nach den Merkmalen richtet und den Entwicklungsgang nicht kennt.

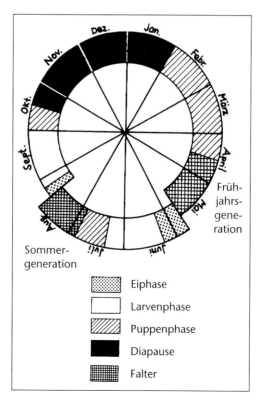

Entwicklungsstadien des Landkärtchens im Jahreslauf

Schneeflöhe sind Spring-
schwänze. Sie sind
manchmal zu Tausenden
auf schmelzendem
Schnee zu finden.

Winterhafte weisen sich
durch ihren verlängerten
Kopf als Schnabelfliegen
aus. Die Weibchen sind
flügellos.

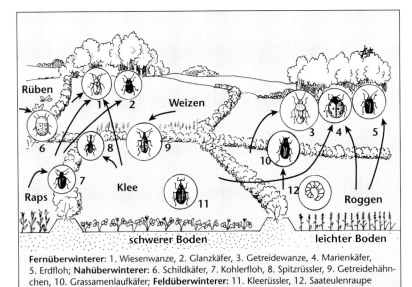

Die Schneeschnake ist an
ihren Schwingkölbchen
als Zweiflügler zu
erkennen.

Zitronenfalter → S. 108
Aurorafalter → S. 134

Gut über den Winter kommen

Sobald die Sonnenstrahlen etwas wärmen, erwacht schon im Februar der Zitronenfalter aus seiner Winterstarre und verstärkt gaukelnd durch die Luft fliegend mit seinem Gelb die Farbe der blassen Frühlingssonne.

Wie der Zitronenfalter überwintern auch das Tagpfauenauge und der Kleine Fuchs als Falter. Sie sind Überlebende des vorigen Sommers, die ebenfalls als Frühlingsboten auftreten. Der auch schon im April fliegende Aurorafalter hat dagegen als Puppe überwintert.

Für das Überwintern in Kältestarre ist das Aufsuchen vor Frost und Unwetter schützender Zufluchtsorte wichtig. Wenn man einen Falter starr auf dem Dachboden oder im Keller antrifft, dann lebt er vermutlich noch. Man sollte ihn nicht in die warme Wohnung bringen, wo er aufwachen und sich ohne Nahrung totflattern würde.

Auch Florfliegen verbringen den Winter gern in Häusern. Das Goldauge wechselt beim Überwintern seine Farbe auffällig von grün nach gelbbraun. Im Frühjahr wird das Tier wieder grün.

Ackerinsekten suchen geschützte Überwinterungsorte in Hecken und Gehölzen auf. Marienkäfer sammeln sich häufig in Massenquartieren in Höhlen und Ritzen. Man kann sie auch im Freien in Versammlungen antreffen, die sich in der Wintersonne wärmen.

Während andere in Kältestarre liegen, haben einige Insekten im Winter ihre Hochzeit und sind bei Temperaturen um den Gefrierpunkt sexuell aktiv. Die Frostspanner tragen daher ihren Namen. Sie schlüpfen im Oktober. Die Männchen kann man von November bis Februar in der Dämmerung am Rande von Gehölzen fliegen sehen. Sie suchen Weibchen, die flugunfähig an Baumstämmen sitzen, und paaren sich mit ihnen. Die Falter können mit einer starken Taschenlampe gut beobachtet werden.

In der Wintersonne kann man Schwärme von Wintermücken in der Luft auf- und abtanzen sehen. Sie gehören zu den Stechmücken. Auch die Gelbe Dungfliege trifft man im Winter oft im Freien an.

Besonders auffällig verhält sich eine Gruppe von Insekten, die sich krabbelnd oder springend auf von der Sonne beschienenen Schneeflächen aufhalten und sich dort häufig auch paaren. Diese Schneeinsekten sind allesamt flugunfähig, da sie keine oder nur stark reduzierte Flügel besitzen. Sie gehören sehr unterschiedlichen Insektengruppen an.

Bei den Winterhaften sind Fresszeit und Fortpflanzungszeit auf Sommer und Winter verteilt. Entsprechend hat die Larve eine Vorzugstemperatur von 34 °C, während das erwachsene Insekt kühle Temperaturen um 9 °C bevorzugt. Bei -3° bis -5 °C fallen Winterhafte wie viele winterharte Insekten in Kältestarre.

Die Schneeschnake hat eine Vorzugstemperatur von nur -4 °C, erst ab -12 °C tritt bei ihr Kältestarre ein, Frost von -18 °C wirkt tödlich.

Im Körper einiger winterharter Insekten ist das Wasser so eingebunden, dass keine Eiskristalle entstehen können, die die Körperstrukturen zerstören würden. Andere haben «Frostschutzmittel» in ihrem Blut, die das Gefrieren des Wassers verhindern. Halmwespen haben sogar die Abkühlung bis auf -30 °C überlebt. Wasserinsekten vertragen es, vom Eis eingeschlossen zu werden.

Eingefrorene Zuckmückenlarven leben noch bei -15 °C. Ihre Atmung ist dann herabgesetzt: Der Sauerstoffverbrauch ist 5000 Mal geringer als bei 20 °C.

Fernüberwinterer: 1. Wiesenwanze, 2. Glanzkäfer, 3. Getreidewanze, 4. Marienkäfer, 5. Erdfloh; Nahüberwinterer: 6. Schildkäfer, 7. Kohlerfloh, 8. Spitzrüssler, 9. Getreidehähnchen, 10. Grassamenlaufkäfer; Feldüberwinterer: 11. Kleerüssler, 12. Saateulenraupe

Überwinterungsorte von Ackerinsekten

Die Stockheizung der Honigbiene

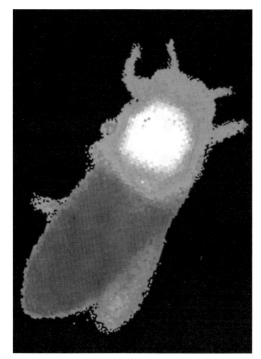

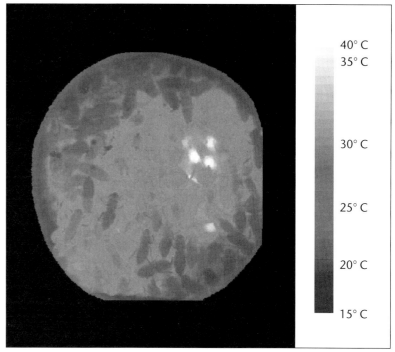

Thermofotografie einer Heizerin.
Der Brustabschnitt ist auf 38 °C erwärmt.

Thermofotografie einer Honigbienentraube. Bei einigen Bienen ist der Brustabschnitt erwärmt. Nur diese Tiere arbeiten als Heizerinnen.

Honigbienen sind die einzigen Bienen, die als Volk überwintern. Sie halten dabei die Stocktemperatur auf einem Wert von über 13 °C.

Die Temperatur wird durch ein aufeinander abgestimmtes Verhalten der Mitglieder des Stocks geregelt. Die Tiere sitzen in einer Traube dicht gedrängt zusammen. In der äußeren Schicht bedecken sie sich dachziegelartig. Die Köpfe sind zur Traube hin gerichtet. Jede Biene steckt den Kopf unter den Hinterleib der über ihr sitzenden.

Wird die Temperatur in der Traube zu hoch, so rücken die Bienen etwas auseinander, und die Wärme wird über die entstehenden Gänge abgeführt. Bei tiefen Temperaturen kühlen die äußeren Bienen am stärksten ab. Deshalb wechseln die Bienen von Zeit zu Zeit ihre Positionen vom Rand ins Innere und umgekehrt. Vom Innern her wärmen einige Tiere die Traube. Wahrscheinlich hat ein Stock nur wenige solcher Heizbienen, die sich von Zeit zu Zeit bei der Wärmeerzeugung ablösen.

Kühlt die Traube außen unter 13 °C ab, so lockert sie sich ebenfalls. Die Heizbienen nehmen zunächst Nahrung auf und schwirren dann ausdauernd mit den Flügeln. Durch die Muskelarbeit der Heizerinnen kann der Stock innerhalb einer Stunde auf 25 °C aufgeheizt werden. Dann schließt sich die Traube wieder eng zusammen und wird erneut von innen her gewärmt. Wie die einzelnen Bienen ihr Verhalten aufeinander abstimmen, ist unbekannt.

Das Überwintern des Honigbienenvolkes ist nur als Gemeinschaftsleistung möglich: Im Sommer werden mit dem Sammeln von Honig und Pollen die nötigen Energievorräte angelegt. Die Traube oder der Stock werden durch das abgestimmte Verhalten warm gehalten. Eine einzelne Honigbiene würde schon bei 10 °C in Kältestarre fallen und bei 2 °C den Kältetod sterben.

Auch im Sommer regeln die Honigbienen die Stocktemperatur. Bei großer Hitze holen Sammelbienen Wasser, das durch Verdunsten kühlt, andere fächeln durch Flügelschwirren frische Luft herbei.

Die Regelung der Stocktemperatur ist eine unter den Insekten einzigartige Höchstleistung der Honigbienen. Andere Insekten sind nur imstande, ihre Körpertemperatur während des Fluges annähernd gleichwarm zu halten.

Regulation der Körpertemperatur → S. 118

115

Wechselnde Mehrheiten: Rot und Schwarz beim Zweipunkt

Zweipunkt mit Blattlauskolonie

Ungleiches Paar des Zweipunkts

Schwarze Zweipunkte mit
unterschiedlich großen roten Flecken

Rot oder Schwarz? Das ist beim Zweipunkt keine Frage der Entscheidung. Die natürliche Selektion begünstigt beide, Rote und Schwarze. Jeden zu seiner Zeit.

Wenn die Zweipunkt-Marienkäfer aus der Winterstarre erwachen, sind die Roten in der Mehrheit. Im April überwiegt ihre Anzahl die der Schwarzen deutlich. Doch im Laufe des Sommers verändern sich die Mehrheitsverhältnisse allmählich: Die Schwarzen nehmen zu und haben im Oktober die Oberhand.
Im Gegensatz zu den jahreszeitlichen Kleidern des Landkärtchens kommen die roten und schwarzen Formen des Zweipunkts nebeneinander vor, und zwar das ganze Jahr über, selbst im Überwinterungsquartier.

Rot und Schwarz sind nicht durch Umweltfaktoren bedingt, sondern durch Gene. Außerdem gibt es zahlreiche Varianten mit unterschiedlichen Anteilen von Rot und Schwarz.

Sind die Schwarzen und die Roten vielleicht zwei konkurrierende Arten, die sich mit jahreszeitlich wechselndem Erfolg verdrängen?
Schwarze und Rote konkurrieren miteinander um die Nahrung. Aber Zweipunkte teilen sich selbst nicht in Schwarze und Rote ein. Sie haben keinerlei Farbdünkel: Rote und Schwarze pflanzen sich miteinander genauso oft und fruchtbar fort wie beide untereinander.
Die gestellte Frage ist also eindeutig zu beantworten:

«Denn was sich ohne Not verpaart,
das hält man klar für eine Art».

Schwarze und rote Zweipunkte sind also nur zwei Varianten derselben Art.

Rote und schwarze Zweipunkte überleben jedoch bei verschiedenen Temperaturen unterschiedlich gut.
Schwarze Formen sind empfindlich gegen niedrige Temperaturen. Sie überleben die Winterstarre daher weniger häufig als die roten. Bei höheren Temperaturen sind sie dagegen aktiver als rote und haben eine größere Fortpflanzungsrate.
Auf diese Weise kommen die unterschiedlichen Häufigkeiten im Frühjahr und Herbst zustande. Obwohl zu Beginn des Winters mehr schwarze als rote Zweipunkte leben, sind die Verhältnisse nach der Überwinterung umgekehrt.

Die verschiedenen Formen des Zweipunkts sind ein Beispiel dafür, dass sich genetische Verschiedenheit innerhalb einer Art lohnen kann. Wenn man das ganze Jahr betrachtet, addieren sich nämlich die Vermehrungsraten von roten und schwarzen Formen. Die Vermehrung der Zweipunkte ist dadurch größer, als wenn es nur schwarze oder rote gäbe.

Der Prozess, der unterschiedliche Überlebens- und Fortpflanzungsraten der Individuen verursacht, heißt Selektion. Die natürliche Selektion beruht auf den Wechselwirkungen zwischen den Lebewesen und den jeweiligen Umweltbedingungen. Die verschiedenen Formen des Zweipunkts zeigen, dass die natürliche Selektion nicht zu einem einheitlichen Ergebnis führen muss, bei dem alle Individuen innerhalb einer Art gleich gestaltet wären. Vielmehr können wechselnde Umweltbedingungen zu einer entsprechenden Vielfalt der Individuen innerhalb einer Art führen.
Jahreszeitlich wechselnde Bedingungen können das Nebeneinander mehrerer Varianten ebenso verursachen wie der Einfluss verschiedener Fressfeinde das Nebeneinander roter und grüner Varianten bei einer Blattlausart.
Merkmalsunterschiede zwischen Individuen allein sind also kein Grund dafür, anzunehmen, dass sie zu verschiedenen Arten gehören. So lange sich die Lebewesen selbst als Artgenossen behandeln, indem sie sich miteinander fortpflanzen, bleiben auch sehr unterschiedlich aussehende Individuen Angehörige einer einzigen Art.
Bei den roten und schwarzen Zweipunkten kann man die Unterschiede zwischen den Individuen leicht erkennen. Bei anderen Arten sind die Unterschiede häufig genauso groß, obgleich sie alle gleich aussehen. Die individuellen Unterschiede sind dann nicht äußerlich sichtbar, sie bestehen z. B. in der Resistenz gegenüber Krankheitserregern oder Insektenbekämpfungsmitteln. Bei unterschiedlichen Umweltbedingungen werden solche Eigenschaften durch die natürliche Selektion begünstigt oder benachteiligt, so dass sich die Individuen unterschiedlich stark vermehren können.
Charles Darwin hat mit der natürlichen Selektion die Abänderung der Arten in der Evolution wissenschaftlich erklärt.

Rote und schwarze Formen des Zweipunkts. Insgesamt kennt man 80 Varianten.

Selektion bei Blattläusen → S. 101

Selektion und Evolution beim Birkenspanner → S. 128

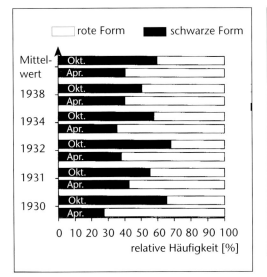

Häufigkeit der roten und schwarzen Formen des Zweipunkts im Frühjahr und Herbst

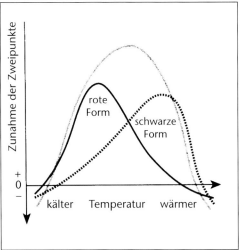

Fortpflanzungserfolg und Überlebensrate der roten und schwarzen Formen bei verschiedenen Temperaturen

Warmblütler

Sonnenwärme ist die Heizung für viele Insekten.
Schmetterlingen dienen die Flügel als Sonnenkollektoren.
Hummeln und Schwärmer haben einen Pelz ähnlich wie
Säugetiere und können ihre Körpertemperatur aktiv regulieren.

Temperaturregulation durch Verhalten. Als Körpertemperatur ist jeweils die Temperatur des Brustabschnitts angegeben.

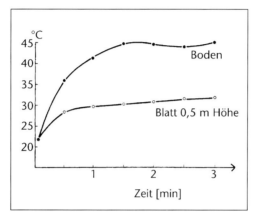

Wärmeaufnahme einer Schwebfliege an zwei besonnten Sitzorten. Lufttemperatur 23 °C

Erwärmung des Körpers bei einem Tagfalter mit besonnten und beschatteten Flügeln Lufttemperatur 17,5 °C

Schmetterlingsflügel als Sonnenkollektoren. Die Strahlung wird durch Reflexion zu der dunklen Flügelbasis und zum dunklen Körper geleitet. Dieses Prinzip wird besonders von Tagfaltern genutzt, die bei kühlen Außentemperaturen aktiv sind, z. B. von dem im Frühjahr fliegenden Aurorafalter (→ S. 134).

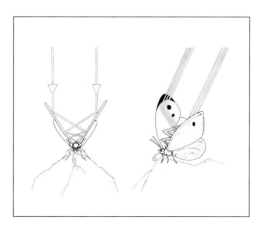

Insekten sind wechselwarme Tiere. Ihre Körpertemperatur entspricht in etwa der Außentemperatur. Wenn sie aktiv sind, kann ihre Körpertemperatur dennoch mehrere Grade über der Außentemperatur liegen.

Kleine Tiere, wie die Schwebfliegen, kühlen wegen der verhältnismäßig großen Oberfläche schnell ab, sie können sich aber aus demselben Grunde auch schnell aufheizen. Die optimale Körpertemperatur regulieren sie durch ihre Aufenthaltsorte. Wird es auf dem Boden zu heiß, so kühlen sie sich auf einem Blatt in luftiger Höhe wieder ab.

Hitzige Attacke

Honigbienen setzen die Fähigkeit, ihren Körper aufzuheizen, auch gegen Feinde ein, die in ihren Stock eindringen wollen.

Protokoll eines Hitzeangriffs:

13.19 Uhr: Eine Deutsche Wespe wird von mehreren Bienen angegriffen. Die Bienen keilen die Wespe mit ihren Brustabschnitten fest.

13.42 Uhr: Höhepunkt der Attacke: Die Bienen haben ihren Brustabschnitt auf 46 °C aufgeheizt. Die Wespe zeigt keine eigene Wärmeproduktion, sie wird von den Körpern der Honigbienen auf 43 °C erhitzt.

14.10 Uhr: Bienen transportieren die tote Wespe ab.

Solche Wärmeangriffe führen Honigbienen nicht nur gegen die etwa gleich großen Wespen, sondern auch gegen mehr als doppelt so große Hornissen durch. Sie keilen dabei die Gegner so ein, dass diese ihren Stachel nicht gebrauchen können.

Schmetterlinge benutzen ihre Flügel als Wärmekollektoren, um ihren Körper auf eine Flugtemperatur von etwa 27 °C zu bringen. Die besondere Struktur und die Färbung der Schuppen, die Stellung der Flügel und die dunkle Färbung des Körpers unterstützen die Kollektorfunktion der Flügel. Werden die Flügel beschattet, kann die nötige Körpertemperatur nicht erreicht werden.

Schwärmer und Hummeln können ihre Körpertemperatur durch Muskelzittern erhöhen. Schwärmer schwirren dazu gut erkennbar mit den Flügeln. Während der Aktivitätsphasen, besonders im Flug, sind diese großen Insekten gleichwarm: Die Temperatur bleibt im Brustabschnitt annähernd gleich hoch.

Der Brustabschnitt stellt also den gleichwarm gehaltenen Körperkern dar. Die Temperatur des Hinterleibs liegt dagegen nur wenig über der Lufttemperatur. Bei Hummeln wird dieser Temperaturunterschied durch einen Wärmeaustauscher zwischen Brust und Hinterleib bewirkt. Das kalte Blut des Hinterleibs fließt durch die enge Taille am warmen Blut des Brustabschnitts in Gegenrichtung vorbei und wärmt sich dabei auf, während das in den Hinterleib strömende Blut sich abkühlt. So wird die Wärme im Brustabschnitt festgehalten.

Bei warmem Wetter und langen Flügen könnte die Muskeltätigkeit den Brustabschnitt zu sehr aufheizen. Hummeln können jedoch die Brusttemperatur aktiv regulieren. Dazu stellen sie den Wärmeaustauscher einfach ab: Durch wechselnde Stellungen des Hinterleibs werden das Zu- und Abströmen des Blutes entkoppelt. Zu- und Abstrom erfolgen zeitlich versetzt, also getrennt nacheinander, so dass kein Wärmeaustausch mehr stattfindet. Das kalte Blut des Hinterleibes kühlt dann die Brust ab. Das warme Blut der Brust strömt in den Hinterleib und wird dort abgekühlt, indem die Wärme durch die verhältnismäßig große Oberfläche nach außen abgegeben wird.

Hummeln passen die Regulation der Körperwärme auch dem Blütenbesuch an. Bei Einzelblüten bleibt der Wärmeaustausch angeschaltet, so dass nach einem kurzen Aufenthalt sofort weitergeflogen werden kann. Bei der Futtersuche an Blütenständen mit vielen Einzelblüten wird die Körpertemperatur während des längeren Laufens von Blüte zu Blüte abgesenkt.

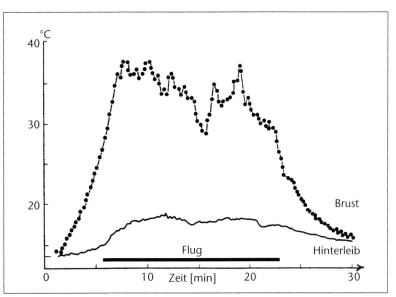

Temperatur in der Brust und im Hinterleib einer Hummel

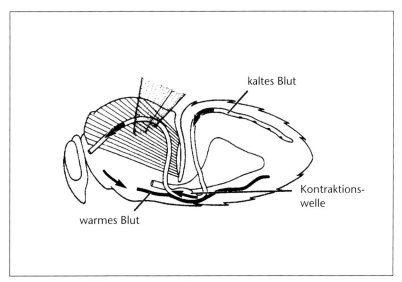

Wärmeaustausch bei einer Hummel

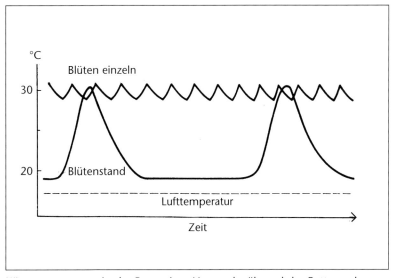

Körpertemperatur in der Brust einer Hummel während der Futtersuche

Tarnen oder Warnen?

*Viele Fressfeinde von Insekten, Vögel und Raubinsekten, sind Augentiere.
Getarnte Tiere haben die Chance, ihrem tödlichen Zugriff zu entgehen.
Grelle Farben dienen dazu, unangenehm aufzufallen.
Das steigert die Überlebenschance, weil die Fressfeinde aus schlechten
Erfahrungen lernen können.*

Verbergen und Auffallen

Die Flügelunterseiten einiger Tagschmetterlinge sind unscheinbar gefärbt. Während der Kleine Fuchs weithin leuchtet, ist das Tagpfauenauge mit zusammengeklappten Flügeln schwerer zu entdecken.

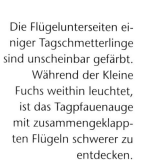

Die Sandschrecke ist wie die verwandten Ödlandschrecken in der sandfarbenen Umgebung ihres Lebensraums kaum zu erkennen.

Der Schattenmönch ist ein Eulenfalter, dessen Körper sich durch Färbung und Zeichnung kaum von Baumstämmen abhebt.

Viele Nachtschmetterlinge sind beim Ruhen am Tage durch die Zeichnung ihrer Vorderflügel gut getarnt. So lange sie regungslos sitzen, werden sie kaum von Vögeln entdeckt.

Bei Tagfaltern ist die Unterseite häufig dunkel und unscheinbar gefärbt, so dass der Schmetterling erst beim Auffliegen entdeckt wird. Im Flug aber ist er schwer zu erbeuten, da viele insektenfressende Vögel viel zu schwerfällig sind, um seinem Gaukeln, mit dem er blitzschnell die Richtung ändern kann, zu folgen.

Ödland- und Sandschrecken sind dem Untergrund, auf dem sie leben, oft verblüffend genau angepasst. Nicht nur die Farbe, sondern auch die Strukturen des Untergrunds werden genau nachgeahmt.

Streifen können den Körper optisch auflösen. Die Tiere setzen sich gezielt an die Stellen, an die sie in Form und Farbe besonders gut angepasst sind. Die individuelle Angepasstheit erwerben sie während ihrer Entwicklung. Bei den Häutungen der Larven werden jeweils diejenigen Farbstoffe in den Panzer eingelagert, die der Umgebung entsprechen.

Die Raupe des Jacobsbären lebt auf dem giftigen Jacobsgreiskraut und frisst dessen Blätter. Das Gift der Pflanze lagert sie in ihre Haare ein. Dadurch wird sie ungenießbar. Ihre Färbung dient als Warnsignal an Raupenjäger.

Streifenwanze → S. 29

Mit der blau-roten Warnfärbung und der struppigen Behaarung entspricht der Immenbuntkäfer seinem Namen.

Raupe des Jacobsbären

Zipfelkäfer

Neben gelb-schwarzen erregen auch rotschwarze Streifen oder Punkte die Aufmerksamkeit und prägen sich gut ein. Dies wird z. B. auch bei Verkehrsschildern ausgenutzt. Der warnfarbige Siebenpunkt stellt sich zudem bei Gefahr tot. Sollte der Fressfeind nicht ablassen, gibt er zusätzlich bitter ätzende, gelbe Körperflüssigkeit ab.

Ungenießbare Tiere können sich leisten, träge zu sein. Dies demonstrieren die Blutströpfchen ebenso wie der Labkraut-Blattkäfer. Dieses 1 cm große Tier bewegt sich aufreizend langsam. Nimmt man es in die Hand, scheint es aus dem Munde zu bluten. Die Kostprobe des roten Körpersafts wirkt als Signal, die unappetitliche Speise in Ruhe zu lassen.

Auch metallische Farben dienen vielfach als Warnung. Der Zipfelkäfer stülpt außerdem bei Gefahr auf seiner Bauchseite drüsige Anhänge aus. Den Drüsen entweicht offenbar ein für Menschen nicht wahrnehmbarer Gestank, der Angreifer abschrecken soll.

Labkraut-Blattkäfer. Bei Gefahr gibt der schwarze Käfer einen Tropfen roter Flüssigkeit aus seinem Mund ab. Englisch heißt er daher treffend «Bloody-nosed Beetle».

Die rot-schwarze Färbung und der träge Flug der Blutströpfchen verraten die Ungenießbarkeit dieser Schmetterlinge. Das Bild zeigt das im Gebirge vorkommende Heidekraut-Blutströpfchen.

«Schau mir in die Augen, Kleines»

Schreckreaktion beim Abendpfauenauge

Der Verhaltensforscher Niko Tinbergen berichtet über eine Beobachtung, die er bei Filmaufnahmen machte:
«Einmal setzten wir außer Birkenspannern auch ein Abendpfauenauge mit aus. Eine Goldammer kam, aß einen Spanner und packte in gleicher Absicht den Schwärmer. Doch im nächsten Augenblick ließ sie ihn voller Entsetzen wieder fahren, hopste noch ein paar Schritte aufgeregt um ihn herum, wagte ihn aber nicht noch einmal anzurühren und flog schließlich ohne ihn fort. Was war geschehen? Der Schmetterling hatte, als er den Schnabel fühlte, nur seine Flügel ausgebreitet, so dass er plötzlich mit zwei großen Augen seinen Feind anstarrte.»
Der Falter macht sich durch die Augen auf seinen Flügeln zum großen Tier und spricht den Angreifer so als «Kleines» an.
Solche Beobachtungen veranlassten die Forscher, die Wirkung von Augenzeichnungen bei Schmetterlingen genauer zu untersuchen: Drei zahme Buchfinken ließen sich von einem Abendpfauenauge erschrecken, nur einer traute sich, sich erneut zu nähern, und verspeiste den Falter schließlich. Zwei Abendpfauenaugen wurden die Augen von den Flügeln entfernt, indem die Schuppen abgebürstet wurden. Obwohl diese Falter die Schreckreaktion ausführten, wurden sie ohne Zögern von allen drei Buchfinken verzehrt.
Tagfalter, die mit zusammengeklappten Flügeln ruhig sitzen, klappen diese bei Annäherung blitzartig auf und zu. Um die Wirkung von bunten Farben bei dieser Reaktion zu prüfen, wurden Goldammern abgebürstete und unversehrte Kleine Füchse vorgesetzt. Bei 9 von 28 Fressversuchen verscheuchte das Flügelöffnen der unversehrten Tiere die Ammern, während diese vor den abgebürsteten Schmetterlingen keine Scheu zeigten. Die bunten Farben des Kleinen Fuchses wirken also abschreckend, obwohl die Flügel keine Augen tragen.
Dieselben Versuche wurden mit Tagpfauenaugen unternommen. Diese scheinen etwas besser geschützt zu sein als die Kleinen Füchse. Die Augen haben also eine zusätzliche Wirkung. Natürlich ist der Schutz auch hier nicht vollkommen. Einige Vögel lernten schnell, den Augenbluff zu durchschauen. Von 8 unerfahrenen Goldammern erschraken 6 nur bei den ersten Begegnungen, fraßen die Schmetterlinge aber bald ohne zu zögern. Die beiden anderen wurden hingegen immer ängstlicher und mieden schließlich selbst die abgebürsteten augenlosen Falter.
Augen wirken also vor allem auf unerfahrene Vögel. Das Schrecksignal «große Augen» muss nicht erlernt werden. Erfahrung kann jedoch das anfängliche Verhalten abbauen oder auch verstärken.
Um die Wirkung verschiedener Muster zu prüfen, führte A. D. Blest, ein Mitarbeiter von Tinbergen, systematische Versuchsreihen mit verschiedenen Singvogelarten und Mehlwürmern durch.

Er zeichnete verschiedene Muster auf eine Transparentfolie und klebte sie auf kleine Glasscheiben auf. Im Versuch wurden die Muster für den Vogel erst sichtbar, wenn unter ihnen eine Glühbirne angeschaltet wurde.

Zwischen die Muster wurde jeweils ein Mehlwurm als Köder gelegt. Sobald der Versuchsvogel nach dem Mehlwurm pickte, wurde das Licht angeschaltet. Dadurch wurden die Muster schlagartig sichtbar. Das Verhalten des Vogels wurde beobachtet und seine Schreckreaktion je nach Stärke mit 2 bis 0 Punkten bewertet. Keines der Muster wirkte in jedem Fall abschreckend. Die Ergebnisse zeigen aber eindeutig, dass Augenmuster umso häufiger abschreckend wirken, je mehr sie wirklichen Augen ähneln. Doppelte Kreise wirken z. B. stärker als einfache.

Versuch zur Schreckwirkung von Augenmustern bei Singvögeln

Augentäuschung vorn oder hinten → S. 125

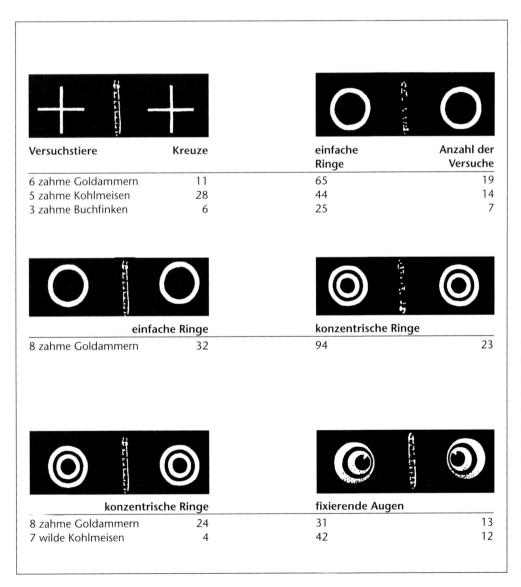

Versuchstiere	Kreuze	einfache Ringe	Anzahl der Versuche
6 zahme Goldammern	11	65	19
5 zahme Kohlmeisen	28	44	14
3 zahme Buchfinken	6	25	7

	einfache Ringe	konzentrische Ringe	
8 zahme Goldammern	32	94	23

	konzentrische Ringe	fixierende Augen	
8 zahme Goldammern	24	31	13
7 wilde Kohlmeisen	4	42	12

Schreckwirkung verschiedener Muster im Experiment.

Die Zahlen geben die von den Vögeln jeweils insgesamt erzielten Punkte an:
2 Punkte: Zurückschrecken und Liegenlassen des Mehlwurms
1 Punkt: schwache Schreckreaktion und erneuter Fressversuch
0 Punkte: keine Schreckreaktion, Fressen des Mehlwurms.

Deutsche Wespe

Sumpffreund

Wespentäuschung

Faltenwespen sind nicht nur durch ihren Stachel gefährlich, sondern auch für viele Vögel ungenießbar. Ihre schwarz-gelbe Färbung ist daher als Warnkleid zu verstehen. Andere Insekten scheinen die Färbung nachzuahmen und damit Gefährlichkeit vorzutäuschen. Diese Erscheinung wird Mimikry (Signaltäuschung) genannt. Lange Zeit glaubte man, dass die grellen Farben als solche abschreckend wirken. Man nahm an, dass Fressfeinde bestimmte Farben meiden, ohne ihre Bedeutung lernen zu müssen. Auch die Nachahmer wären dann von vornherein geschützt.

Gerhard Mostler hat diese Annahme 1935 mit umfangreichen Versuchen überprüft. Er testete vor allem Rotkehlchen, Grasmücken und Rotschwänzchen. Unerfahrene Versuchsvögel nahmen wespenähnliche Schwebfliegen zu 100 % an und verspeisten sie. Wespen wurden dagegen zu 85 % wegen ihres Geschmacks verschmäht. Bot man den Vögeln, kurz nachdem sie Erfahrung mit einer Wespe gemacht hatten, eine wespenähnliche Schwebfliege an, so wurden die Schwebfliegen zu 82 % abgelehnt. Die harmlosen Wespen-Nachahmer sind also erst dann geschützt, wenn ihre Fressfeinde schlechte Erfahrungen mit den Vorbildern gemacht haben. Bot Mostler zuerst die harmlosen Schwebfliegen an, so wurden die Wespen danach häufiger angegriffen als zuvor.

Später gingen andere Forscher der Frage nach, in welcher Häufigkeit «Vorbilder» und «Nachahmer» vorhanden sein müssen, damit die Warnfärbung ihre Träger schützen kann. Dazu wurden Modellversuche mit Mehlwürmern und Staren durchgeführt.

Täuschen ist – zumindest im Modellversuch – mehr als das halbe Leben: Die grün bemalten Mehlwürmer sind bei erfahrenen Vögeln auch dann noch durch ihre «Warnfarbe» geschützt, wenn die ungenießbaren in der Minderheit sind.

Modellexperiment zur Warnfärbung

Ein Teil der Mehlwürmer wurde mit Chininlösung vergällt. Diesen Tieren wurden als Warnfarbe zwei grüne Ringe aufgemalt. Andere Mehlwürmer wurden nicht mit Chinin versetzt. Von diesen wurde eine Hälfte ebenfalls mit zwei grünen, die andere mit orangenen Ringen versehen.

Verhältnis vergällte/ unbehandelte grün bemalte Mehlwürmer	Anteil grün bemalter Mehlwürmer, die von erfahrenen Vögeln gemieden werden
70 : 30	100 %
40 : 60	100 %
10 : 90	17 %

Hornissenschwärmer

Widderbock

Eine Fliege, ein Schmetterling und ein Käfer in Wespentracht

Körpertäuschung: Wo ist vorne? Wo ist hinten?

Raupe der Pfeileule. Von oben: Färbung, Borsten und Horn lassen das Vorderende links vermuten.

Von der Seite: Die große Kopfkapsel ist versteckt unter den Borsten (rechts).

Der Falter der Pfeileule ist unscheinbar grau.

Räuber ergreifen ein Beutetier meist in der Nähe des Kopfes. Einige Zipfelfalter täuschen einen Kopf am falschen Ende vor. Reißt der Räuber statt des Kopfes einen Anhang ab oder beschädigt einen Flügel, so können die Tiere gut weiterleben.

Augenfalter haben auf den Flügeln eine Anzahl kleiner Augenflecken, die wohl kaum einen Feind erschrecken. Die Unterseite der Hinterflügel trägt meist eine Zeichnung, die an Baumrinde oder vertrocknete Blätter erinnert. In Ruhestellung ist der Falter daher gut getarnt. Wird er beunruhigt, so schiebt er die Vorderflügel etwas hoch, so dass ein oder zwei Augenflecken sichtbar werden. Durch dieses «Augenzeigen» kann ein Angreifer leicht in die Irre geführt werden und nach dem vermeintlichen «Kopf» picken.

Leicht beunruhigt zeigt der Samtfalter die Augenflecke des Vorderflügels.

Bienen- und Wespenmimikry von Schwebfliegen → S. 36

Augenmimikry → S. 122

Zipfelfalter → S. 59

125

Evolution aktuell

*Die Geschichte der Lebewesen lässt sich im Großen
nur über lange Zeiträume rekonstruieren.
Zuweilen spielt sich die Entwicklung gleichsam vor unseren Augen ab.
Läuse, Fliegen und Schmetterlinge demonstrieren schnelle Evolution.*

Eine lausige Geschichte

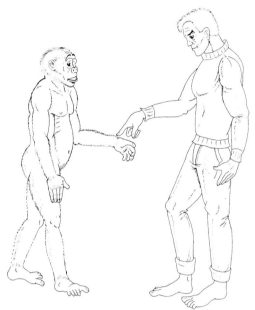

Begegnung von Jetzt-
mensch und Frühmensch

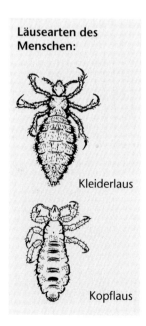

**Läusearten des
Menschen:**

Kleiderlaus

Kopflaus

Evolutionsbiologen vermuten, dass ein heutiger Mensch einen Frühmenschen, dem er vor 2 Millionen Jahren hätte begegnen können, nicht als Artgenossen erkannt haben würde. Wohl aber hätten womöglich seine Läuse bei einer solchen Begegnung die des Frühmenschen als artgleich akzeptiert. Ein Wechsel der Wirte zwecks gemeinsamer Fortpflanzung wäre für die Parasiten wahrscheinlich kein Problem gewesen.

Parasiten verändern sich im Laufe ihrer Evolution im allgemeinen langsamer als ihre Wirte. Während Mensch und Schimpanse sich deutlich unterscheiden, sind ihre Läusearten nur von Spezialisten zu trennen. Die Läuse des Menschen unterscheiden sich von der Laus des Schimpansen nur durch einige Borsten. Die Parasi-ten haben sich zwar im Laufe von 5 bis 7 Millionen Jahren, seit die Stammeslinien von Mensch und Schimpanse sich trennten, zu wirtsspezifischen Arten entwickelt, aber im Gegensatz zu ihren Wirten kaum verändert.

Die Regel der langsameren Evolution von Parasiten gilt aber wohl nicht für die Populationen der Menschenläuse, denn diese haben sich offensichtlich schneller entwickelt als ihre Wirtsart. Man unterscheidet Kopf- und Kleiderlaus. Beide Formen hielt man früher für Unterarten. Bestärkt wurde man in dieser Annahme dadurch, dass sich bei Laborzuchten Kopf- und Kleiderlaus fruchtbar miteinander kreuzen lassen. Genetische Untersuchungen haben jedoch ergeben, dass sie verschiedene Arten sind und sich in ihrer natürlichen Umwelt, nämlich am Menschen, nicht kreuzen.

Die Kleiderlaus stammt von der Kopflaus ab, die ursprünglich die ganze Mensch-oberfläche besiedelte. Sie konnte sich erst entwickeln, nachdem Menschen begannen, ihren Körper mit Kleidung zu bedecken. Für die Läuse war das eine tiefgreifende Umweltänderung. Nunmehr waren die Kopfläuse auf die unbedeckten Häupter beschränkt. Unter der Kleidung lebte und entwickelte sich eine neue Art: die Kleiderlaus. Den Körper bedeckende Kleidung benötigten die Menschen erst seit der Besiedlung der gemäßigten Breiten vor etwa 50 000 Jahren. Das ist für die Evolution einer Art eine kurze Zeit. Die heutige Menschen-Art existiert seit etwa 200 000 Jahren. Der Jetzt-Mensch entwickelte sich zusammen mit seinen Läusen in den warmen Savannen Afrikas.

Unterwegs zu einer neuen Art: Apfelfliegen

Kurz nach Begründung der modernen Evolutionstheorie durch Charles Darwin beobachtete ein Forscher in Amerika den Anfang der Artbildung bei Fruchtfliegen. Benjamin Walsh war von Darwins Ansichten überzeugt, nachdem er dessen Buch «Über die Entstehung der Arten» gelesen hatte», das 1859 erschienen war. Kleine Fliegen mit hübsch gemusterten Flügeln erregten seine Aufmerksamkeit. Im Hudsontal hatten die Farmer vor einigen Jahren große Apfelbaumplantagen angelegt. Einige der Fliegen, die vorher ihre Eier in Weißdornfrüchte gelegt hatten, wechselten nun zu Äpfeln über. Walsh stellte 1864 fest, dass die Weißdornfliege nur im Hudsontal Äpfel befiel, obwohl sie viel weiter verbreitet ist. Er sagte voraus, dass die Apfelfliegen sich ausbreiten und eigenständig weiterentwickeln würden.

Die Möglichkeit, dass sich Arten in einem Lebensraum ohne vorherige geografische Trennung neu bilden könnten, ist unter Evolutionsbiologen umstritten. Die Apfelfliege aber ist zu einem kaum bestreitbaren Nachweis hierfür geworden.

Von Weißdornfliegen und Apfelfliegen ist die in gleichen Lebensräumen vorkommende Blaubeerfliege kaum zu unterscheiden. Daher war lange Zeit nicht klar, ob es sich bei Weißdorn- und Apfelfliege einerseits und Blaubeerfliege andererseits um zwei Arten oder nur jeweils um Unterarten handelt, deren Larven sich in verschiedenen Früchten entwickeln. Im Labor kreuzen sich die Fliegen fruchtbar miteinander und die Larven können sich gleichermaßen in Äpfeln, Weißdornfrüchten und Blaubeeren entwickeln.

Mithilfe umfangreicher genetischer Untersuchungen konnte der Streitfall geklärt werden. Die beiden Fliegenformen unterscheiden sich genetisch so stark wie andere Insektenarten.
In der Natur kreuzt sich die Blaubeerfliege offensichtlich nicht mit Apfel- und Weißdornfliegen, obwohl paarungsbereite Tiere der anderen Fliegenformen in nächster Nähe vorhanden sind. Die Geschlechtspartner treffen und paaren sich nämlich auf oder in der Nähe derjenigen Früchte, in die das Weibchen seine Eier legen wird.

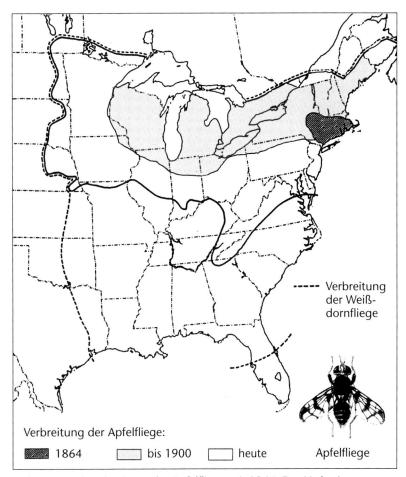

Verbreitung der Apfelfliege:

▨ 1864   ☐ bis 1900   ☐ heute

----- Verbreitung der Weißdornfliege

Apfelfliege

Auftreten und Verbreitung der Apfelfliege seit 1864. Das Verbreitungsgebiet liegt vollständig innerhalb des Verbreitungsgebiets der Weißdornfliege. Die Artbildung hat also erst vor höchstens 150 Jahren begonnen, und zwar ohne vorherige geografische Trennung.

Da die Fliegenformen die Früchte verschiedener Arten wählen, sind Kreuzungen zwischen ihnen nahezu ausgeschlossen.
Eine ähnliche Untersuchung wurde an Apfelfliegen und Weißdornfliegen durchgeführt. Apfelfliegen besitzen noch dieselben Gene wie die Weißdornfliegen, von denen sie abstammen. Lediglich die Häufigkeit verschiedener Genversionen ist bei ihnen anders. Die Unterschiede zwischen Apfelfliegen und Weißdornfliegen sind nur etwa so groß wie bei Unterarten anderer Insekten. Wahrscheinlich kommen in der Natur auch noch Kreuzungen zwischen beiden Formen vor. Dennoch ist festzuhalten, dass die Apfelfliegen sich seit 1867 auf dem Weg zu einer eigenen Art befinden. Benjamin Walsh hat mit seinen Prophezeiungen bisher Recht behalten.

Die Umwandlung des Birkenspanners

Birkenspanner bei der Paarung

Schwärzlinge treten bei vielen Tieren zufällig auf. Beim Birkenspanner wurden sie berühmt. 1848, im Jahr der ersten deutschen Revolution, wurde in England zum ersten Mal ein Schwärzling des normalerweise hell gefärbten Birkenspanners gefunden. Man fand ihn nicht in einem Industriegebiet, wo die dunkle Form später zunehmen sollte, sondern in einem nicht verschmutzten Waldgebiet. Wahrscheinlich waren schon vorher öfter dunkle Birkenspanner entstanden, und zwar durch eine zufällige Veränderung (Mutation) des Gens, das die Produktion des schwarzen Farbstoffs reguliert. Aber die schwarzen Formen waren unentdeckt geblieben, wohl weil sie zuvor von Vögeln gefressen wurden: Auf hellen und flechtenbewachsenen Ästen der Bäume fielen die Schwärzlinge auf, während die hellen Falter hier gut getarnt waren.

Die Geschichte wurde für Evolutionsforscher spannend, als die dunklen Falter in Industriegebieten immer mehr zunahmen. Dort färbten sich die Äste durch das Absterben der Flechten und die Rußverschmutzung dunkel. Freilandexperimente zeigten, dass die Schwärzlinge hier besser getarnt sind als die weißen Birkenspanner. Mit den Schwärzlingen war nicht etwa eine neue Art entstanden, sondern diese gaben der Art nur ein neues Gesicht.

Freilandversuche zum Überleben der hellen und dunklen Form des Birkenspanners in zwei Gegenden Großbritanniens (1959)

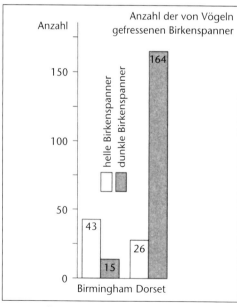

Beobachtungen zur Anzahl der von Singvögeln erbeuteten Birkenspanner

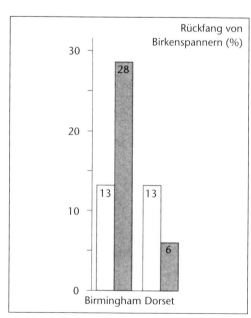

Ergebnisse beim Rückfang freigelassener Birkenspanner

Die natürliche Selektion bewirkte, dass die Art des Birkenspanners langsam umgewandelt wurde, indem die schwarzen Falter zunahmen. In manchen Gegenden ersetzten sie die weißen vollständig.

Doch die Artumwandlung ist umkehrbar, so lange es noch weiße Birkenspanner gibt. In einigen Gegenden, in denen die Luftverschmutzung abgenommen hat, nimmt die weiße Form wieder zu und ist gebietsweise schon wieder so häufig wie vor dem Zunehmen der schwarzen.

Diese Entwicklung ist nicht überall in gleicher Weise zu beobachten. Bei der Selektion von schwarzen und weißen Formen scheinen auch noch andere Bedingungen eine Rolle zu spielen als die Tarnung gegen Fressfeinde. Die dunklen Falter nehmen nämlich auch dann schon ab, wenn sie in einem Gebiet noch deutlich besser getarnt sind als die hellen. Der Rückgang der dunklen Falter folgt aber ziemlich genau der Abnahme des Gehalts der Luft an Schwefeldioxid. Daher wird vermutet, dass ein Teil der Schwärzlinge einen direkten, nicht sichtbaren Vorteil durch Resistenz gegen Schwefeldioxid hat.

Die Ursachen für die Umwandlungen des Birkenspanners stellen also ein kompliziertes Puzzle dar, dessen Teile von den Forschern noch nicht fugenlos zusammengesetzt sind. Der Schutz vor Fressfeinden wird jedoch auch dann noch ein wichtiger Teil des Bildes sein, wenn alle Lücken gefüllt sind.

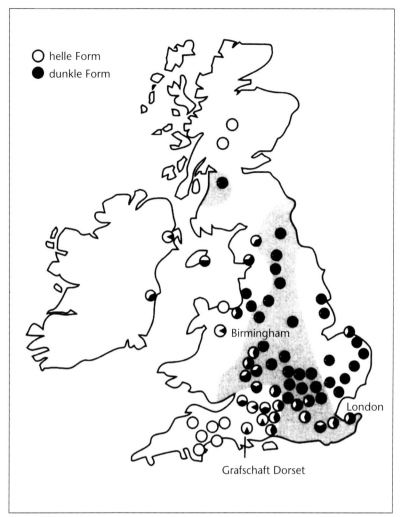

Anteile von hellen und dunklen Birkenspannern in verschiedenen Gegenden von Großbritannien 1959

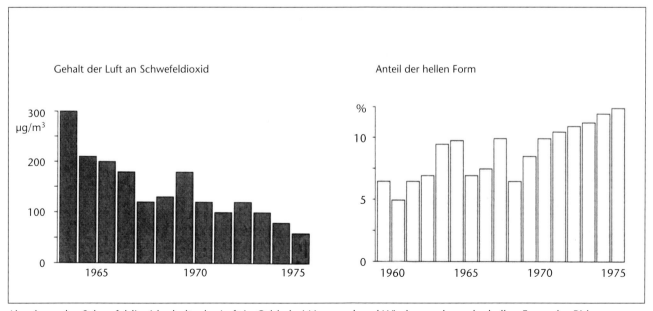

Abnahme des Schwefeldioxidgehalts der Luft in Caldy bei Liverpool und Wiederzunahme der hellen Form des Birkenspanners

129

Im Visier des Menschen

Federgeistchen. Ernst Haeckel: Kunstformen der Natur, 1907

Verteidigung des Federgeistchens

von Jürgen Dahl

Das Federgeistchen. Aus ihrer Winterstarre aufgestört, flattert die weiße Motte hoch, taumelt umher, lässt sich gleich wieder nieder – und scheint im selben Augenblick verschwunden. Sie ist aber nicht verschwunden, sondern hat nur ihre im Flug weißschimmernden Flügel ganz schmal zusammengefaltet zu einem millimeterdünnen und jetzt bräunlichen Strich.

Der Schmetterling, den man manchmal bei den ersten Frühjahrsarbeiten im Garten aufscheucht, gehört zur Familie der Federmotten und wurde zu einer Zeit, da man die Namen der Lebewesen gern noch etwas poetischer und anschaulicher wählte, Federgeistchen genannt. Federgeistchen deshalb, weil seine Hinterflügel tatsächlich fast wie Vogelfedern gebaut sind: Sie bestehen aus je drei schmalen Keulen, und diese sind von oben bis unten mit langen Haaren so besetzt wie der Schaft einer Vogelfeder mit Seitenästen. Man kann diese Hinterflügel nur ahnen, wenn man das Federgeistchen flattern sieht, denn sobald es sich niederlässt, verschwinden die Hinterflügel schier geisterhaft – nun nicht etwa, wie bei anderen Schmetterlingen, unter den Vorderflügeln, sondern regelrecht darin. Das heißt: Die (nicht mit Haaren besetzten, häutigen) Vorderflügel falten sich längs in der Mitte zusammen wie die Klappen einer Muschel und bergen in dieser schmalen Tasche die drei federigen Glieder der Hinterflügel.
Die Erscheinung ist ganz und gar einmalig bei den Schmetterlingen, der sonderbare Mechanismus gehört allein dem Federgeistchen. Seine Raupen leben auf der Ackerwinde, einem lästigen Feld- und Gartenunkraut. Das ausgeschlüpfte Federgeistchen lebt von so gut wie nichts, überwintert im Verborgenen, legt im Frühsommer seine Eier an die Ackerwinde und stirbt dann. Die stoffliche und energetische Grundlage dieses Lebenszyklus wird fast ausschließlich von den Raupen besorgt.

Im Sinne einer kybernetischen Ökologie erscheint das Federgeistchen ganz unerheblich, es schlägt nicht groß zu Buche, genau genommen überhaupt nicht: Natürlich können die Raupen des Federgeistchens von Vögeln gefressen werden – aber wenn es das Federgeistchen nicht gäbe, würden die Vögel keineswegs verhungern. Und die Ackerwinde, deren unterirdische Rhizome ihr das Überleben sichern, wird von den Raupen des Federgeistchens, die sich von ihr nähren, nicht ernstlich in ihrer Ausbreitung gehemmt. Das heißt: Für die rechnerische Ökologie ist das Federgeistchen überflüssig bis dorthinaus.

Das spricht aber nicht gegen das Federgeistchen, sondern gegen eine Ökologie, die, kaum dass sie von den vielfältigen Verkettungen des Lebens ein bisschen begriffen hat, gleich glaubt, sie könne es in ein großes Programm vom Walten der Natur umsetzen. Sie versteift sich aufs Berechenbare, forscht mit großer Genauigkeit den Bruchstücken von Wissen über offenkundige und verborgene Abhängigkeiten nach, fertigt darüber Statistiken und systemanalytische Diagramme an, leitet aus diesen wiederum Handlungsvorschriften, Gebote und Verbote ab – und hat doch, so vernünftig das alles sein mag, für entscheidend wichtige Aspekte überhaupt keine Begriffe in ihrer kybernetischen Sprache.

Wer weiß denn wirklich, ob nicht sogar das Federgeistchen in irgendeiner noch ganz unbekannten Weise eine große Rolle im «System» spielt, ob es also wirklich so entbehrlich ist, wie es dem Rechner erscheinen muss?
Und, wichtiger noch: Wo steckt denn in der ökologischen Kalkulation die Bewertung der ungeheuerlichen, aber «ökologisch irrelevanten» Tatsache, dass das Federgeistchen der einzige Schmetterling ist, der seine wie Vogelfedern gebauten Hinterflügel in der Klapptasche seiner mit Längsscharnieren versehenen Vorderflügel verstecken kann?
Es kommt nicht vor in der Kalkulation. Stürben die Federgeistchen aus – die Ökologen würden es gar nicht merken, denn die Statistik würde davon kaum berührt und der Naturhaushalt litte nicht darunter, – aber: die Erfindung der federigen Hinterflügel in Verbindung mit den klappbaren Vorderflügeln wäre ein für allemal dahin.
Eben diese Qualität der Einmaligkeit entzieht sich einer ökologischen und systemtheoretischen Bewertung, die nur das Funktionieren streng definierter Teilkreisläufe im Auge hat, fixiert bleibt auf das Verhältnis von Ursache und Wirkung, von Jäger und Beute. Da sie die Federgeistchen aller Art übersieht, wird auch diese ganze Ökologie schließlich nichts dagegen ausrichten, dass die Welt zum Warenhaus verkommt und, wie alle Warenhäuser, irgendwann einmal den Räumungs-Schlussverkauf annoncieren muss.
Dafür, dass hier ungehobene Schätze vernichtet werden, unzählige Arten, die durch nichts anderes von Bedeutung sind als durch ihre Einmaligkeit oder ihre Schönheit – dafür fehlen der Ökologie die Worte: So wenig sie einen Begriff für Einmaligkeit hat, so wenig sie also das Federgeistchen wirklich zu schätzen vermag, so wenig weiß sie, was Schönheit ist.

Feinde und Freunde

*Schadinsekten vernichten Ernten und Nahrungsvorräte.
Andere Insektenarten liefern Nahrung und Rohstoffe.
Und selbst unter den sonst gefürchteten Schildläusen
gibt es wertvolle Nutztiere.*

Maikäferplage

Aus einer Schrift des Deutschen Lehrervereins für Naturkunde, 1897 (Die preußische Provinz Sachsen entspricht etwa dem heutigen Bundesland Sachsen-Anhalt.)

«Sobald die Maikäfer massenhaft auftreten, ist energisch gegen sie vorzugehen...
Die getöteten Käfer liefern, schichtweise mit gelöschtem Kalk und Erde vermischt und mit Jauche oder Wasser übergossen einen vorzüglichen Dünger. Die getrockneten Käfer können als Zugabe zum gewöhnlichen Futter (nicht für sich allein!) zur Fütterung von Schweinen und Geflügel verwendet werden. Dass eine rationelle Verwendung der Käfer am Platze ist, wird uns klar, wenn wir hören, dass in der Provinz Sachsen im Flugjahre 1868 laut amtlicher Berichte 30 000 Centner Maikäfer gesammelt worden sind. Das bedeutet, da etwa 500 Stück auf ein Pfund gehen, die Vernichtung von 1500 Millionen Maikäfern.»

Als 1950 Maikäfer so zahlreich waren, dass die Sammelkisten sie nicht mehr fassten, verfütterten wir sie unbedacht an unsere im Garten gehaltenen Hühner. Die Eier schmeckten bald danach unzweifelhaft nach «Maikäfer»: Ihr Geschmack erinnerte unangenehm an den dumpfen Geruch der Schachteln, in denen wir die Käfer gesammelt und eine Zeit lang gehalten hatten. Die Warnung aus dem Jahre 1897, Maikäfer nicht allein zu füttern, kannten wir zu der Zeit nicht. Dass die Objekte unserer Sammelleidenschaft üble Schädlinge sind, stellten wir damals aber nicht in Frage.

Manchen ist es heute verpönt, von Schädlingen und Nützlingen zu reden. Das gilt als unangemessen menschzentrierte und damit egoistische Redeweise. Die Begriffe sind wirklich einseitig gebildet. Doch kaum jemand wird etwas dagegen einwenden, wenn Pneumokokken und Tuberkelbazillen als Krankheitserreger bezeichnet und mit Antibiotika bekämpft werden. Mit dem gleichen Recht können Maikäfer und Blattläuse als Schädlinge angesehen und dezimiert werden, wenn sie überhand nehmen.

Maikäfer richteten im Mittelalter so großen Schaden an, dass sie kirchlich feierlich verdammt wurden. Die Schädlinge wurden als gefräßige Abgesandte des Bösen angesehen. Allzuviel Wohlwollen gegenüber Schadinsekten entspringt dem Überfluss. Wo Not herrscht, ist das Kurzhalten der Schadinsekten notwendiger Teil des Überlebenskampfes.

Maikäfer sind heute als Schokoladentiere häufiger als in der Natur. So lange sie nicht massenhaft auftreten, sollte man sie als hübsche Glücksbringer betrachten und sich freuen, dass sie nicht ausgerottet wurden.

1478 spricht der Bischof von Lausanne einen kirchlichen Bann gegen Maikäfer aus.

Fast ein Haustier: Die Cochenille

Was haben Lippenstift, dänische Wurst, Campari und rote Gummibärchen gemeinsam?

Ihre karminrote Farbe stammt aus derselben Quelle. Der Farbstoff wird aus der Cochenille gewonnen, einer in Mexiko beheimateten Schildlaus. Der Naturfarbstoff «Karmin» ist im Gegensatz zu den künstlich hergestellten Azo-Farbstoffen weder allergen noch krebserregend.

Manchem mag der Gedanke, Körpersaft von Insekten auf Lippen oder Zunge zu bekommen, unsympathisch sein. Doch dazu besteht bei den Schildläusen eigentlich kein Grund. Möglicherweise stecken nämlich Schildläuse hinter dem Manna-Wunder, dem «Himmelsbrot», von dem sich die Kinder Israels in der Wüste Sinai ernährten. Die dort an Tamarisken saugenden Manna-Schildläuse scheiden einen zähen Sirup aus, der an der Luft zu fast reinen Zuckerkristallen erstarrt. Beduinen sammeln dieses «Manna» noch heute, kaum anders als Honigbienen dies mit dem von Blattläusen ausgeschiedenen Zuckersaft tun, der als Honigtau an den Nadeln von Fichten und Kiefern klebt und nach dem Gang durch den Honigmagen der Bienen schließlich als «Tannenhonig» auf den Frühstückstisch gelangt.

Menschen nutzen Insekten in vielfältiger Weise. Für die Vorfahren der Menschen sind sie ursprünglich die erste verfügbare Kost mit wertvollen tierlichen Eiweißen gewesen. Noch heute werden in den Tropen z. B. fette Käfer- und Holzwespenlarven, schwärmende Heuschrecken, Termiten und Ameisen erbeutet sowie in Massen auftretende Mückenlarven gefischt.

Andere Insekten dienen als «Rohstofflieferanten». Am bedeutendsten sind die Honigbiene und der Seidenspinner, die Honig und Wachs bzw. mit den Kokons der Raupen Seide liefern. Beide Arten sind zu echten Haustieren gemacht worden, indem aus den Wildformen mehrere Rassen gezüchtet wurden, um die Erträge und die Qualität der Produkte zu steigern oder die Tiere verschiedenen Klimaten anzupassen. Die Schildläuse sind auch als Rohstofflieferanten Wildtiere geblieben. Die Cochenille und andere Schildlausarten werden zwar als Nutztiere gehalten, aber es wurden von ihnen keine Haustierrassen gezüchtet.

Farbstoffgewinnung aus der Cochenille-Schildlaus

Die Cochenille lebt auf Opuntien. In etwa 75 Tagen wächst ein Ei zu einem fetten Weibchen heran, das etwa so groß ist wie ein Marienkäfer. Es umgibt sich mit feinen Wachsfäden, die einen Schutz vor Nässe und zu großer Wärmeeinstrahlung bilden. Die Weibchen können sich schon nach der zweiten Häutung nicht mehr bewegen. Sie haben keine Flügel und meist auch keine Beine. Von oben sehen sie aus wie bemehlte Asseln.

Im Körper des Weibchens wird der Farbstoff gebildet, der als «Karmin» bekannt ist. Um ihn zu gewinnen werden die Tiere mit einem besonderen Löffel von der Opuntie abgekratzt. Ein geübter Arbeiter kann etwa ein Kilogramm Schildläuse pro Tag ernten, das sind etwa 140 000 Tiere. Drei Kilogramm Läuse ergeben etwa ein Kilogramm Trockenmasse, aus der dann der Farbstoff extrahiert wird.

Welche Bedeutung der Farbstoff für die Schildläuse hat, ist nicht bekannt. Da er bitter schmeckt, dient er vielleicht zum Schutz vor Fressfeinden.

Der Cochenille-Farbstoff wird in Lebensmitteln als E 120 angegeben (E 124 ist dagegen ein künstlich hergestellter Ersatzfarbstoff).

Für Versuche sind getrocknete Cochenillen ebenso wie Karmin im Laborfachhandel erhältlich.

- 15 bis 20 Läuse werden im Mörser fein zerrieben und das Pulver in etwa 10 ml Wasser aufgelöst.
- Die Farblösung kann zum Färben eines Lippenstiftes oder Seidentuches verwendet werden.
- Zwei Petrischalen werden mit mehreren Ameisen besetzt. Man lässt die Ameisen einige Stunden hungern. Dann wird in eine Schale ein Stück Würfelzucker gegeben, in die andere ein Zuckerwürfel, der mit Karminlösung beträufelt wurde. Es wird beobachtet, welche Ameisen den Zucker annehmen.

Cochenille

Cochenille-Läuse an einer Opuntie

Schädlingsbekämpfung → S. 100–103

Honigbiene → S. 30

Insekten als Nahrungstiere → S. 14

Abscheu und Bewunderung

*Verachtung für Schlupfwespen und Verehrung für die fleißigen Bienen?
Die Geflügelten haben seit jeher Aberglaube, Moral und Gotteslob
provoziert.*

Lob des Kleinen

Du sollst niemand rühmen wegen seines großen Ansehens, noch jemand verachten wegen seines geringen Ansehens.
Denn die Biene ist nur ein kleines Vögelchen und gibt doch allersüßeste Speise.

Jesus Sirach, 180 v. Chr.

Friedrich Christian Lessers,

In der Kayserl. Freyen Reichs-Stadt Nordhausen an der Kirche am Frauenberge Pastoris, und des Wayßenhauses Administratoris, wie auch der Kayßerl. Leop. Carol. Academ. Nat. Curiofor. Mitgliedes,

INSECTO-
THEOLOGIA,

Oder:

Vernunfft- und Schrifftmäßiger

Versuch,

Wie ein Mensch durch aufmerckfame Betrachtung derer sonst wenig geachteten

INSECTEN

Zu lebendiger Erkänntniß und Bewunderung der Allmacht, Weißheit, der Güte und Gerechtigkeit des großen GOttes gelangen könne.

Zweyte und vermehrte Auflage.

Franckfurt und Leipzig,
Verlegts Michael Blochberger, 1740.

Die Abscheu vor Insekten hat eine ebenso lange Tradition wie ihre Bewunderung. Im Mittelalter galten die Kerbtiere bei vielen als geflügelte Teufelswesen. Die Schönheit von Schmetterlingen und Libellen wurde als Täuschung des Satans abgetan. Der große Lehrer Johann Amos Comenius beschreibt in seinem lateinisch-deutschen Sprach- und Sachbuch (1658) den Schmetterling als «geflügelte Raupe» und übersetzt «Insecta» als «Fliegend» und «Kriechend Ungeziefer».

Doch dies ist nur eine Seite des Umgangs mit den Insekten. In der Morallehre dienten sie oft als Vorbilder: Der Fleiß von Bienen und Ameisen ist sprichwörtlich. In der griechischen Mythologie wird die Seele des Menschen (Psyche) als ein Mädchen mit Schmetterlingsflügeln dargestellt. Zu diesem Symbol passen besonders schön die zarten Farben des im Frühjahr fliegenden

Aurorafalter

Igelfliege

Aurorafalters. Im Buch Sirach der griechischen Bibel findet sich bereits das Lob, mit dem Insekten als kleine Tiere bewundert werden. In der frühen Aufklärung des 18. Jahrhunderts taucht es bei Friedrich Christian Lesser in seiner «Insektentheologie» wieder auf: «Die kleinste Käsemülbe, der verächtlichste Wurm ist von seinem Schöpfer mit einer so unbegreiflichen Kunst verfertigt, daß weder der grösseste Monarch dergleichen zuwege bringen, noch der sinnreichste Künstler dergleichen nachahmen kann.»

Zur gleichen Zeit, 1739, hält Carl von Linné seine Abschiedsrede als Präsident der schwedischen Königlichen Akademie der Wissenschaften «Über die Merkwürdigkeiten an den Insecten» in demselben Sinne: «Hier in diesen kleinen und von uns verachteten Geschöpfen können wir die Meisterstücke der Natur antreffen. Wir sehen hier so viele hundert Arten und Familien, doch hat eine jede Gattung ihre eigene und wunderbare Physiologie, Anatomie und Ökonomie, wie immer die größten Tiere. Wann wird einmal die Zeit kommen, die den Menschen über alles dieses die Augen öffnet?»

Doch ein Insekt entfachte vom Mittelalter bis in die Aufklärung einen heftigen Streit darüber, ob alles in der Natur so geordnet sei, dass sie wirklich zum Lob des Schöpfers gereiche. Die Frage war, ob Gott ein so grausames Geschöpf wie die Schlupfwespe «Ichneumon» habe erschaffen dürfen, das ein anderes Lebewesen von innen bei le-

bendigem Leibe auffrisst. Holzschlupfwespen legen z. B. ihre Eier in die Larven von Holzwespen, die dann der Brut als Nahrung dienen. Der Streit wurde erbittert geführt und «Ichneumon» dabei als Beweis gegen die Existenz Gottes angeführt.

Charles Darwin beendete für sich diesen Streit, indem er äußerte, für eine solche Scheußlichkeit wolle er Gott nicht verantwortlich machen.

Ähnlich «scheußlich» verhalten sich Raupenfliegen wie die Igelfliege, die ihre Eier in Schmetterlingsraupen legt.

Kleiner Wespenbock. Wegen der Farben und der Form der Beine sowie des grazil wirkenden Körpers ist er einer der schönsten einheimischen Käfer.

Holzschlupfwespe

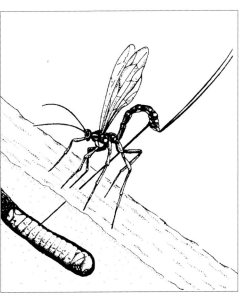

Insektenzoo

Zum Beobachten und für schonende Experimente kann man Insekten kurzzeitig in Pflege nehmen oder ihnen Nistmöglichkeiten und Freigehege zur Verfügung stellen.

Bau eines Gips-Formicariums

Man knetet aus Wachs eine 3 bis 10 mm dicke Form, die man auf eine etwa 5 mal 5 cm große Glasplatte legt. Die Wachsform nimmt den Raum des späteren Nestes ein. Dann wird ein etwa 4 cm langer Schlauch in das Wachs gedrückt, ohne dass dieser die Glasplatte berührt.

Als Gießform für das Formicarium verwendet man eine etwa 30 mal 30 cm große Plastikwanne. Die Glasplatte mit Wachsform und Schlauch klebt man mit ganz wenig Wachs am Boden der Gießform fest. Der Schlauch muss mit seiner Öffnung eng an der Wand der Gießform anliegen.

Aus Gipspulver und Wasser rührt man einen gießfertigen Brei an und füllt damit die Gießform, bis die Wachsform und der Schlauch gut bedeckt sind.

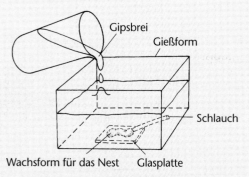

Gipsbrei

Gießform

Schlauch

Wachsform für das Nest   Glasplatte

Wenn der Gips nach etwa 30 bis 40 Minuten erstarrt ist, stürzt man die Gießform vorsichtig um. Danach hebt man die Glasplatte vorsichtig von dem Gipsblock, entfernt die Wachsform und legt die Glasplatte wieder auf.

Bevor Ameisen in dem Formicarium angesiedelt werden, wartet man einen Tag.

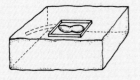

gestürztes Gipsmodell

Als Arena für die Ameisen benutzt man ein Plastikgefäß, dessen oberer Rand dünn mit Paraffinöl bestrichen wird, so dass Ameisen nicht über die Kanten klettern und entweichen können. Diese Arena stellt man neben das Gips-Formicarium. In die Schlauchöffnung des Formicariums steckt man einen etwa 40 cm langen Plastikschlauch mit etwas kleinerem Durchmesser als die Schlauchöffnung. Das freie Ende des Schlauches wird auf den Boden der Arena geführt und dort mit Klebeband befestigt.

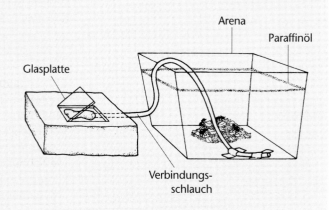

Arena

Paraffinöl

Glasplatte

Verbindungsschlauch

Dann setzt man etwa 50 Ameisen sowie einige Puppen («Ameiseneier») oder Larven mit etwas Erde in die Arena. Das Gipsformicarium feuchtet man mit einem Wäschesprenger etwas an. Die Arena wird hell beleuchtet, was die Aktivität der Ameisen anregt, so dass sie das Nest bald beziehen.
Zum Füttern der Ameisen wird eine Stelle der Arena gesäubert und etwas Honig auf den Boden getropft.

Man kann die Ameisen vier Tage hungern lassen und dann beobachten, wie sie ihre Larven und Nestgeschwister füttern. Das lässt sich bei der Gelben Wiesenameise besonders gut verfolgen, wenn man eine Zuckerlösung mit Lebensmittelfarbe blau anfärbt. Wenn Arbeiterinnen die blaue Lösung aufnehmen, lässt diese den angeschwollenen Hinterleib bläulich schimmern.

Insektenglas

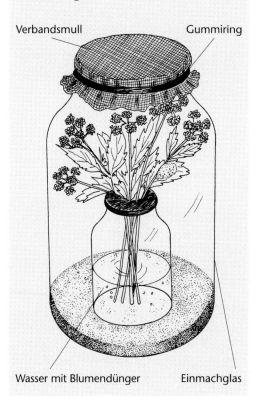

Verbandsmull   Gummiring

Wasser mit Blumendünger   Einmachglas

Beobachtungsstein für Bodentiere

Mit einem besonders konstruierten Beobachtungsstein lassen sich Bodentiere wie in einem Gehege beobachten. Der Stein kann angehoben werden, ohne die Tiere zu stören, denn diese siedeln unter einer gesonderten Sichtplatte, die beim Anheben nicht mit bewegt wird. Der Beobachtungsstein liegt auf einem Metallrahmen, der fest im Boden verankert ist. Er ist erhältlich bei Firma Schwegler, Heinkelstraße 35, 73624 Schorndorf.

Wohnungen

Nisthilfen für Mauerbienen

Für die Herstellung benötigt man Holzscheiben (Hartholz, z. B. Buche oder Eiche) oder einen Ziegelstein, eine Bohrmaschine mit verschiedenen Bohrern und Draht.
In die Holzscheibe bzw. den Ziegelstein werden Röhren mit verschiedenen Durchmessern gebohrt. Die Nisthilfe wird mit einem Draht so aufgehängt, dass sie nicht direkt der Sonne und dem Regen ausgesetzt ist. Ist in der Nähe kein Lehmboden vorhanden, so wird zur Hilfe für die Mauerbienen etwas Lehm ausgebracht.

Nisthilfe für Hummeln

Man benötigt zwei Blumentöpfe aus Ton, Holzwolle, trockenes Gras und Sägespäne.
Man füllt einen Blumentopf zur Hälfte mit Holzwolle, etwas trockenem Gras und Sägespänen. Diesen Topf gräbt man mit der Öffnung nach unten so in die Erde, dass der Boden etwas herausragt. Das Loch im Boden muss mindestens 2 cm Durchmesser haben. Beim zweiten Blumentopf wird die Bodenöffnung verschlossen und statt dessen vorsichtig seitlich ein Stückchen herausgebrochen. Dieser Blumentopf wird über den bereits eingegrabenen gestülpt, so dass er diesen vor Regen schützt. Die Nisthilfe wird mit Erde und Laub umgeben.

Unterschlupf für Ohrwürmer

Es werden ein Blumentopf aus Ton, Holzwolle, eine wetterfeste, etwa 50 cm lange Schnur und ein Holzstock benötigt, der länger ist als der Durchmesser des Blumentopfs.
Die Schnur wird um die Mitte des Holzstocks geknotet und mit dem freien Ende durch das Loch des Blumentopfs gezogen, so dass der Stock waagerecht vor die Öffnung des Blumentopfs geklemmt wird. Man füllt den Blumentopf locker mit Holzwolle. Um das Herausfallen zu verhindern, kann die Holzwolle vorher mit Draht umwickelt werden.
Der Unterschlupf wird in einen Baum oder Strauch gehängt; er soll den Stamm oder einen Ast berühren, so dass die Ohrwürmer leicht in den Topf krabbeln können.

Schlafröhre für Florfliegen

Man benötigt eine Tonröhre oder einen engen hohen Blumentopf, dem der Boden herausgeschlagen wird.
Die Röhre wird über einen Aststummel eines Strauchs oder Baums gestülpt. Sie sollte möglichst im Schatten hängen.

Ein Platz für wilde Kerfe

Alpenbock

*Naturschutz bedeutet in erster Linie Schutz der Lebensräume.
Nicht nur seltene und schöne Arten verdienen unseren Schutz, sondern
auch die häufigen «Allerweltsinsekten».*

Apollofalter

Schillerfalter

Mosaikjungfer

Weitere geschützte
Insekten → S. 142

Veränderung der Landschaft ist die Hauptursache für die Gefährdung seltener Insektenarten. Wirksamer Naturschutz besteht darin, diese Entwicklung wenigstens teilweise umzukehren.

Insekten benötigen Lebensräume mit vielfältigem Pflanzenwuchs. Die Verarmung der Landschaften durch Bebauung und intensive Landwirtschaft ist eine Hauptursache für den Rückgang vieler Arten. Hecken, unbearbeitete Waldränder, Feld- und Wegraine, Steinbrüche, Kleingewässer, Trockenrasen, Feuchtwiesen und Brachland sind daher wichtige Lebensräume für zahlreiche Insekten. Der Schutz dieser Lebensräume gehört zu den vorrangigen Aufgaben im Naturschutz.

Nach der Bundesartenschutzverordnung sind alle Libellen, Wildbienen, Schwärmer, Widderchen, Tagschmetterlinge , Sandlaufkäfer und die großen Laufkäferarten unter besonderen Schutz gestellt. Es ist verboten, diesen Tieren «nachzustellen, sie zu fangen, zu verletzen, zu töten oder ihre Eier, Larven, Puppen oder sonstige Entwicklungsstadien wegzunehmen, zu zerstören oder zu beschädigen». Wenn man von der Schädlingsbekämpfung, Hygiene und Abwehr von Blutsaugern absieht, sollte dieser Schutz eigentlich auch für alle anderen Insekten gelten. Ohne einen vernünftigen Grund sollte kein Tier getötet werden.

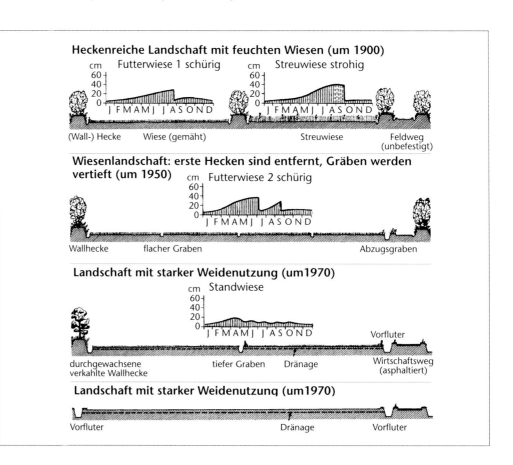

Hirschkäfer

Namenslexikon

Die deutschen Namen der Arten sind wissenschaftlich nicht verbindlich. Das Lexikon dient dazu, sie eindeutig den wissenschaftlichen Namen zuordnen zu können. Die wissenschaftlichen Namen bestehen aus Gattungsnamen (groß geschrieben) und Artbezeichnung (klein geschrieben). Beide Teile zusammen ergeben den Artnamen. Wenn es ähnliche Arten gibt, ist nur der Gattungsname oder die Familie angegeben. In Klammern stehen bekannte ältere Bezeichnungen. Zahlen in Klammern verweisen auf Seiten des Buches.

A

Abendpfauenauge *Smerinthus ocellata* (122)
Ackerhummel *Bombus pascuorum* (33, 37)
Admiral *Vanessa atalanta* (57, 58, 75)
Adonislibelle, Frühe *Pyrrhosoma nymphula* (53)
Alpenbock *Rosalia alpina* (138)
Ameisenbuntkäfer *Thanasimus formicarius* (71)
Apfelfliege *Rhagoletis pomonella* (127)
Apfelwickler *Cydia pomonella* (66)
Apollofalter *Parnassius apollo* (138)
Aurorafalter *Anthocaris cardamines* (59, 114, 118, 134)
Azurjungfer *Coenagrion* (49)

B

Bachläufer *Velia* (50)
Baum-Hummel *Bombus hypnorum* (33)
Baumwanze, Grüne *Palomena prasina* (77)
Baumweißling *Aporia crataegi* (58)
Berberitzenschwebfliege *Brachymya (Criorhina) berberina* (37)
Bettwanze *Cimex lectularius* (78)
Bienen-Täuschfliege *Eristalis pertinax* (37)
Bilsenkrautwanze *Coryzus hyoscyami* (77)
Binsenjungfer *Lestes* (25, 55)
Birken-Keulhornwespe *Cimbex femoratus* (41)
Birkenblattroller *Deporaus betulae* (87)
Birkenspanner *Biston betularia* (128 f.)
Blatthähnchen *Lema melanopus* (20)
Blattlaus-Schlupfwespe *Aphidius* (101, 103)
Blattlaus-Schwebfliege *Episyrphus balteatus* (44, 100)
Blattroller, Birken- *Eporaus betulae* (87)
Blattroller, Eichen- *Attelabus nitens* (87)
Blattwasserläufer *Mesovelia* (50)
Blattwespe *Tenthredo* (13, 21, 29, 41, 72) und *Rhogogaster* (41)
Blaubeerfliege *Rhagoletis mendax* (127)
Blumenfreundin *Anthophila fabriciana* (60)
Blumenwanze *Anthocoris nemorum* (77)
Blutströpfchen *Zygaena* (12, 59, 121)
Blutzikade *Cercopis vulnerata* (93)
Bohnen-Blattlaus *Aphis fabae* (102f.)
Borkenkäfer *Scolytidae* (70f., 98)
Brauner Bär *Arctia caja* (59, 65)
Brauner Waldvogel *Aphantopus hyperantus* (13)
Brennnesselbock *Agapantia villosoviridescens* (73)
Brennnessel-Grünrüssler *Phyllobius urticae* (72)
Brombeerzipfelfalter *Callophrys rubi* (61)
Buchenspringrüssler *Rhynchaenus fagi* (86)
Bunte Stachelwanze *Elasmostethus interstinctus* (77)
Bunter Grashüpfer *Omocestus viridulus* (93)
Buntstreifen-Blattkäfer *Chrysomela cerealis* (20)

C

C-Falter *Polygonia c-album* (58, 68, 75)
Cochenille *Dactylopius cacti* (133)

D

Damenbrett *Melanargia galathea* (57, 59)
Deutsche Wespe *Paravespula germanica* (42f., 124)
Dickkopffalter *Tymelicus* (57, 58)
Dickkopffliege *Conops* (44)
Distel-Bohrfliege *Urophora cardui* (69)
Distelfalter *Vanessa cardui* (57, 58, 75)
Dotterschabe *Micropteryx calthella* (60)
Dreiphasen-Sandwespe *Ammophila pubescens* (38f.)
Dukatenfalter *Lycaena virgaureae* (58, 61)
Dünen-Sandlaufkäfer *Cicindela hybrida* (142)
Dungkäfer *Aphodius* (105)
Dungwasserkäfer *Cercyon* (105)
Dunkle Erdhummel *Bombus terrestris* (33)

E

Eichenblattroller *Attelabus nitens* (87)
Eintagsfliege *Ephemeroptera* (45, 51, 99)
Eisvogel *Limenitis* (59)
Erdbiene *Andrena* (32, 142)
Erdhummel *Bombus terrestris* und *lucorum* (16, 33)
Erlen-Blattkäfer *Agelastica alni* (20)

F

Fallkäfer *Cryptocephalus* (20)
Federgeistchen *Pterophorus pentadactyla* (130)
Feld-Sandlaufkäfer *Cicindela campestris* (88)
Feldgrille *Gryllus campestris* (92)
Feuerfalter, Kleiner *Lycaena phlaeas* (58, 61)
Feuerkäfer *Pyrochroa* (70, 76)
Feuerwanze *Pyrrhocoris apterus* (77)
Fichtenbock *Tetropium* (71)
Fichten-Borkenkäfer *Ips typographus* (98)
Fiebermücke *Anopheles* (111)
Fliegenspießwespe *Oxybelus* (88)
Flockenblumen-Bohrfliege *Chaetorellia jacaeae* (69)
Florfliege *Chrysopa, Chrysoperla* (45, 100)
Frostspanner *Erannis* und *Operophtera* (66)
Fruchtfliege *Rhagoletis* (127)
Frühe Adonislibelle *Pyrrhosoma nymphula* (53)
Frühlings-Mistkäfer *Geotrupes vernalis* (105)
Furchenbiene *Halictus* (32)

G

Gammaeule *Autographa gamma* (68)
Gartenhummel *Bombus hortorum* (33)
Gefleckter Schmalbock *Strangalia maculata* (21, 68)
Gehörnter Blütenbock *Judolia cerambyciformis* (21)
Gelbe Mistfliege *Scatophaga stercoraria* (105)
Gelbe Wiesenameise *Lasius flavus* (90)
Gelbrandrüssler *Chlorophanus viridis* (76)
Gemeine Sandwespe *Ammophila sabulosa* (40)
Gemeine Schnepfenfliege *Rhagio scolopacea* (73)
Gemeine Wespe *Paravespula vulgaris* (43)

Gepunkteter Pflanzengast *Phytodecta quinquepunctata* (85)
Gestreifte Weichwanze *Miris striatus* (77)
Glänzende Hummelfliege *Volucella pellucens* (33)
Glanzwespe *Arge* (41)
Glatter Blattkäfer *Chrysomela polita* (20)
Goldaugenbremse *Chrysops relictus* (44)
Goldener Fallkäfer *Cryptocephalus sericeus* (20)
Goldfliege *Lucilia* (44, 104)
Goldtaler *Laspeyresia aurana* (28)
Goldwespe *Chrysis* (40)
Grashüpfer *Chortippus, Omocestus* (93, 95)
Grille, Feld- *Gryllus* (92)
Großer Soldatenkäfer *Cantharis fusca* (76)
Grüne Baumwanze *Palomena prasina* (77)
Grüne Blattwespe *Rhogogaster viridis* (41)
Grüne Schönwanze *Lygocoris* (80)
Grünes Blatt *Geometra papillionaria* (109)
Grünrüssler *Phyllobius* (72)
Grünwidderchen *Adscita* (142)

H

Hakenkäfer *Dryopidae* (50)
Halsbock *Leptura* (108)
Hauhechel-Bläuling *Polyommatus icarus* (61)
Heidekraut-Blutströpfchen *Zygaena carniolica* (121)
Heidekraut-Wurzelbohrer *Hepialus icarus* (60)
Heidelibelle *Sympetrum* (142)
Helle Erdhummel *Bombus lucorum* (33)
Heufalter *Coenonympha pamphilus* (59)
Heupferd *Tettigonia* (92, 94)
Himmelblauer Bläuling *Lysandra bellargus* (61)
Hirschkäfer *Lucanus cervus* (139)
Hohlzahn-Blattkäfer *Chrysomela fastuosa* (8)
Holzschlupfwespe *Rhyssa* (135)
Holzwespen *Siricidae* (41, 71, 135)
Honigbiene *Apis mellifera* (23, 30 ff., 110, 115, 133)
Hornisse *Vespa crabro* (40)
Hornissenschwärmer *Sesia apiformis* (59, 125)
Hornschröter *Sinodendron cylindricum* (84)
Hufeisen-Azurjungfer *Coenagrion puella* (49)
Hummel *Bombus* (33, 37, 98, 107, 119)
Hummel-Täuschfliege *Eristalis intricarius* (37)
Hummelfliege *Volucella* (33)
Hummelschweber *Bombylius* (44)

I

Igelfliege *Echinomya fera* (134)
Immenbuntkäfer *Trichodes* (121)

J

Jacobsbär *Tyria (Hipocrita) jacobaea* (121)

K

Kaisermantel *Argynnis paphia* (57)
Kartoffelkäfer *Leptinotarsa decemlineata* (20)
Keiljungfer *Gomphus* (52)
Keulhornwespe *Cimbex* (41)

Kiefern-Rindenwanze *Aradus cinnamomeus* (70)
Klee-Blutströpfchen *Zygaena trifolii* (12)
Kleiderlaus *Pediculus humanus* (126)
Kleine Moosjungfer *Leucorrhina dubia* (53)
Kleiner Feuerfalter *Lycaena phlaeas* (58. 61)
Kleiner Fuchs *Aglais urticae* (57, 75, 120, 122)
Kleiner Goldtaler *Laspeyresia aurana* (28)
Kleiner Schmalbock *Strangalia attenuata* (21, 109)
Kleiner Soldatenkäfer *Rhagonycha fulva* (16, 28)
Kleiner Wespenbock *Stenopterus rufus* (135)
Körniger Laufkäfer *Carabus granulatus* (89)
Kohlweißling *Pieris* (58)
Kopflaus *Pediculus capitis* (126)
Kotwespe *Mellimus* (105)
Kuckuckshummel *Psithyrus* (33, 37)
Kurzdeckenkäfer *Staphylinidae* (71, 88, 105)
Kurzflügelige Schwertschrecke *Conocephalus dorsalis* (48)

L

Labkraut-Blattkäfer *Timarcha tenebricosa* (121)
Landkärtchen *Araschnia levana* (58, 75, 112)
Lange Weichwanze *Stenodema* (77)
Langfühlermotte *Nemophora deegerella* (60)
Laus *Pediculus* (19, 126)
Leder-Laufkäfer *Carabus coriaceus* (142)
Lilienhähnchen *Lilioceris lilii* (20)
Lindenschwärmer *Mimas tiliae* (143)

M

Manna-Schildläuse *Trabutina mannipara, Naiococcus serpentinus* (133)
Maikäfer *Melolontha melolontha* (84, 132)
Marienkäfer, Siebenpunkt *Coccinella septempunctata* (81, 101)
Marienkäfer, Vierzehnpunkt *Propylaea quattuordecimpunctata* (101)
Marienkäfer, Zweipunkt *Adalia bipunctata* (116)
Märzfliege *Bibio marci* (44, 70)
Mauerbiene *Osmia* (32)
Mauerfuchs *Lasiommata megera* (59)
Maulwurfsgrille *Gryllotalpa gryllotalpa* (95)
Meeresläufer *Halobates* (9, 48)
Meldeneule *Trachea atriplex* (97)
Menschenlaus *Pediculus* (126)
Messingeule *Diachrisia chrysitis* (16, 75)
Minzen-Blattkäfer *Chrysomela menthastri* (20)
Mistfliege *Scatophaga* (105)
Mistkäfer *Geotrupes* (84, 105)
Mittlere Wespe *Dolichovespula media* (43)
Mohrenfalter *Erebia* (24)
Moosjungfer *Leucorrhinia* (53, 54)
Mörder-Raubfliege *Laphria* (44)
Moschusbock *Aromia moschata* (143)
Mosaikjungfer *Aeschna* (54, 138)
Mulmbock *Ergates faber* (71)

N

Nesselröhrenlaus *Orthesia urticae* (74)
Nesselschnabeleule *Hypena proboscidalis* (75)
Nesselwicht *Scoloposthetus affinis* (72)
Nullpunkt *Aphidecta obliterata* (85)

O

Ochsenauge *Pyronia tithonus* (58)
Ockergelber Dickkopffalter *Thymelicus flavus* (57, 58)
Ödlandschrecke *Oedipoda* (95, 120)
Ölkäfer *Meloe* (89)
Ohrwurm *Forficula* (101)

P

Pappel-Blattkäfer *Melanosoma populi* (20)
Perlmutterfalter *Argynnis* (58)

Pfauenauge, Abend- *Smerinthus ocellata* (122)
Pfauenauge, Tag- *Inachis (Vanessa) io* (56, 59, 63, 120, 122)
Pfeileule *Acronita psi* (125)
Pflanzengast *Phytodecta* (20, 85)
Pillenkäfer *Byrrhus pillula* (85)
Pinselkäfer *Trichius fasciatus* (28)
Plattbauch *Platetrum (Libellula) depressum* (108)
Pochkäfer *Anobium* (71)
Postillon *Colias* (5, 58)
Prachtkäfer *Bupestris* (24)
Prachtlibelle *Calopteryx* (52)
Punktfleckspanner *Ephyra (Zonosoma) punctaria* (65)
Punktierte Zartschrecke *Leptophyes punctatissima* (72)
Punktiertes Spargelhähnchen *Crioceris doudecempunctata* (20)
Purpurzünsler *Pyrausta purpuralis* (60)

R

Rapsglanzkäfer *Meligethes aeneus* (85)
Riesenholzwespe *Uroceras (Sirex) gigas* (41, 71)
Ritterwanze *Lygaeus equestris* (1)
Röhrenlaus *Orthesia* (74)
Ross-Mistkäfer *Geotrupes stercorarius* (105)
Rote Mauerbiene *Osmia rufa* (32)
Rote Wespe *Paravespula rufa* (43)
Roter Dungkäfer *Aphodius rufus* (105)
Roter Halsbock *Leptura rubra* (108)
Rückenschwimmer *Notonecta* (49, 50)
Ruderwanze *Corixa* (49, 50)

S

Sächsische Wespe *Dolichovespula saxonica* (43)
Sackkäfer *Clytra* (20)
Samtfalter *Hipparchia semele* (125)
Sandbiene *Andrena* (37, 142)
Sandlaufkäfer *Cicindela* (89, 142)
Sandschrecke *Sphingonotus caerulans* (120)
Sandwespe *Ammophila* (38f., 40)
Saumwanze *Coreus marginatus* (77)
Schattenmönch *Cucullia umbricata* (120)
Schaumzikade *Philaenus spumarius* (96)
Scheckenfalter *Melitaea* (58)
Schildkäfer *Cassida* (76)
Schilfkäfer *Donacia* (48)
Schillerfalter *Apatura* (59, 138)
Schlammfliege *Sialis* (45, 51)
Schmalbock *Strangalia* (21, 68, 109)
Schmeißfliege *Calliphora* (21, 46)
Schnabelfliege *Panorpa* (45, 73)
Schnake *Tipula* (44)
Schneefloh *Isotoma saltans* (114)
Schneeschnake *Chionea lutescens* (114)
Schnellkäfer *Elateridae* (70, 86, 88)
Schnepfenfliege *Rhagio* (70, 73)
Schwalbenschwanz *Papilio machaon* (58, 64 f.)
Schwammspinner *Lymantria* (109)
Schwan *Euproctis similis* (65)
Schwarze Wegameise *Lasius niger* (90)
Schwarzer Dungkäfer *Aphodius ater* (105)
Schwarz-gelbe Blattwespe *Tenthredo* (41)
Schwarz-rote Blattwespe *Tenthredo* (72)
Schwertschrecke *Conocephalus* (48)
Schwimmwanze *Ilyocoris* (50)
Segelfalter *Iphiclides podalirius* (17, 58)
Seidenspinner *Bombyx mori* (133)
Sichelschlupfwespe *Ophion* (4)
Sichelschrecke *Phaneroptera* (95)
Siebenpunkt *Coccinella septempunctata* (81, 101)
Singendes Heupferd *Tettigonia cantans* (92)
Soldatenkäfer *Cantharis* und *Rhagonycha* (16, 28, 76)

Spargelhähnchen *Crioceris* (20)
Speckkäfer *Dermestes lardarius* (104)
Stachelwanze *Elasmostethus* (77)
Stechfliege *Stomoxis calcitrans* (46)
Stechmücke *Culex pipiens* (110)
Steinfliege *Chloroperla perla* (45, 47, 51)
Steinhummel *Bombus lapidarius* (33)
Streifenwanze *Graphosoma lineatum* (29)
Stubenfliege *Musca domestica* (46)
Stutzkäfer *Histeridae* (104f.)
Sumpffreund *Helophilus pendulus* (124)

T

Tagpfauenauge *Inachis io* (56, 59, 63, 120, 122)
Taumelkäfer *Gyrinus* (50)
Täuschfliege *Eristalis* (37)
Teichläufer *Hydrometra* (50)
Totengräber *Necrophorus* (104 ff.)
Trauermantel *Nymphalus antiopa* (58, 142)
Tse-Tse-Fliege *Glossina palpalis* (111)

U

Ulmenzipfelfalter *Stryomonidia (Thecla) w-album* (59)
Urmotte *Micropteryx* (60)

V

Vierfleck *Libellula quadrimaculata* (13, 52)
Vierzehnpunkt *Propylaea quattuordecimpunctata* (101)

W

Waldameise *Formica* (9, 90)
Waldhummel *Bombus sylvarum* (33)
Waldbrettspiel *Pararge degeria* (58)
Waldschabe *Ectobius* (88)
Waldwespe *Dolichovespula silvestris* (43)
Wasserläufer *Gerris* (48, 50)
Wasserskorpion *Nepa* (49, 50)
Wegameise *Lasius* (90)
Wehrhafte Schlupfwespe *Amblyteles armatorius* (40)
Weiden-Pflanzengast *Phytodecta viminalis* (20)
Weißdornfliege *Rhagoletis pomonella* (127)
Weiße Fliege *Aleyrodes* (47, 103)
Weiße-Fliegen-Schlupfwespe *Encarsia formosa* (103)
Wespen-Schwebfliege *Syrphus* (37)
Wespenbock *Stenopterus* (135)
Widderbock *Clytus arietis* (125)
Wiesenameise *Lasius* (90)
Wiesenhummel *Bombus pratorum* (33)
Wiesenschnake *Tipula paludosa* (44)
Winterhaft *Boreus* (114)
Wollbiene *Anthidium* (37)
Wollkäfer *Lagria hirta* (73)
Wollkrautblütenkäfer *Anthrenus verbasci* (85)
Wurzelbohrer *Hepalius* (60)

Z

Zartschrecke *Leptophyes* (73)
Zipfelfalter *(Thecla)* (59, 61)
Zipfelkäfer *Malachius* (121)
Zitronenfalter *Gonepteryx rhamni* (58, 108, 114)
Zuckmücke *Chironomus* (48, 51)
Zweipunkt *Adalia bipunctata* (116 f.)
Zwergrückenschwimmer *Plea* (50)
Zwergwasserläufer *Hebrus* (50)

Besonders geschützte Insekten

Laufkäfer   Dünen-Sandlaufkäfer

Leder-Laufkäfer

Libellen   Heidelibelle

Tagfalter   Trauermantel

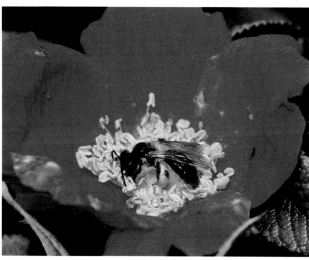

Wildbienen   Sandbiene

Widderchen   Grünwidderchen

Moschusbock

Lindenschwärmer

Quellenangaben

Texte: *S. 24, S.134:* Friedrich Christian Lesser. Insecto-Theologia. Michael Blocherger, Frankfurt/Leipzig, 1740; *S. 34:* Rosa Luxemburg. Briefe aus dem Gefängnis. Dietz, Berlin 1950; *S. 53, S. 64, 134 f.:* Carl von Linné. Lappländische Reise und andere Schriften, Reclam, Leipzig 1987; *S. 98:* Charles Darwin: Die Entstehung der Arten. Reclam, Stuttgart 1963; *S. 99:* Das Manfred Kyber Buch. Hesse und Becker, Berlin 1997; *S. 131:* Jürgen Dahl. Der unbegreifliche Garten und seine Verwüstung. Über Ökologie und über Ökologie hinaus, Klett-Cotta, Stuttgart 1984; *S. 132:* H. Schütte. Insekten-Büchlein. K.G. Lutz, Stuttgart 1897, 16 f.

Kennhilfen, Beobachtungen, Experimente: Vorlagen wurden der Zeitschrift «Unterricht Biologie» (UB) (Friedrich Verlag, Seelze) entnommen. *S. 11:* Hans-Joachim Frings, UB 9, 27; *S. 15, S. 23 Präparation:* Harald Gropengießer/Ilka Gropengießer, UB 32, 40; *S. 33:* Martin Hallmen, UB 174, 19 f.; *S. 34:* Christoph Randler, UB 236, 23; *S. 35:* Michael Brunz, UB 229, 16; *S. 38 Wespennestentstehung:* Fritz Sandrock, UB 174, 8; *S. 42 Sammeln, S. 43:* Eberhard Holtappels, UB 174, 24 f.; *S. 46 Schmeißfliegen:* Renate Bösche-Teuber, UB 246, 43; *S. 50/51:* Rolf Wellinghorst. Wirbellose Tiere des Süßwassers. Beilage UB, 4. Aufl. 1993; *S. 54 f.:* Georg Rüppell/Rainer Rudolph, UB 145, 4-7; *S. 58 f.:* Hartmut Wegner, UB 104, 26 f.; *S. 66:* Volker Wessel, UB 115, 33/Renate Becker, UB 36/37, 20; *S. 67:* Dennis Barnekow, UB 236, 15; *S. 69:* Heinz Erwin Jungjohann/Wilfried Probst, UB 236, 30; *S. 70 f.:* Barbara Dulitz/Helmut Grimm, UB 114, 27/30; *S. 74 Röhrenlaus, S. 75, S. 86 Schnellkäfer, S. 90, S. 103:* Bernd Oehmig, UB 176, 35, 39 f., UB 165, 53, UB 229, 37; *S. 74 Fraßspuren:* Birgit Baumann, UB 243, 22; *S. 91 Samentransport:* Bernd Dalhoff, UB 197, 26; *Duftspuren:* Eva Kieffer, UB 139, 17 ff.; *S. 95 Fluchtverhalten:* Andreas Zehm, UB 232, 50 f.; *S. 103:* Friedhelm Büchse, UB 189, 31; *S. 105:* Gerd Nottbohm, UB 247, 14 ff.; *S. 110:* Werner Ebel, UB 148, 41; *S. 133:* Ilka Gropengießer, UB 235, 35 f.; *S. 136:* Henry Thiemann/Thomas Hagemann, UB 185, 52; *S. 137:* Michael Bruhn, UB 243, 21

Grafiken: *Originale S. 6, S. 7, S. 14, S. 99, S. 122, S. 126, S. 144:* Gunnar Gad (Oldenburg); *Vorlagen für die übrigen Grafiken* wurden der Zeitschrift «Unterricht Biologie» (Friedrich Verlag, Seelze) entnommen, außer *S. 18 Äußerer Bau, S. 26 f.:* M. Chinery. Insekten Mitteleuropas. Parey, Hamburg 1997, 17; *S. 29:* V.H.Heywood. Blütenpflanzen der Welt. Birkhäuser, Basel 1982, 220; *S. 46 Stechfliege, S. 86 Springgrüssel, S. 89 Ölkäfer, S. 92 Stridulieren, S. 101:* Brehms Tierleben 4. Aufl., Bd. 2. Bibliographisches Institut, Leipzig/Wien 1915, 350; 499, 440, 85, 46, 544; *S. 65, S. 92f.:* V.B. Wigglesworth: Das Leben der Insekten. Recontre, Lausanne 1971, 28, 202, 204; *S. 68:* H. Weymar. Buch der Korbblütler. Neumann, Radebeul 1957; *S. 78 Wanzenfamilien:* E. Wachmann. Wanzen. Neumamm, Neudamm 1989, 52 ff.; *S. 80 f. Verwandlung:* J. Zahradnik. Der Kosmos Insektenführer. Stuttgart 1982, 14; *S. 82 f.:* K.W. Harde/F. Severa. Der Kosmos-Käferführer. Stuttgart 1981, 70 ff.; *S. 95 Maulwurfsgrille:* *S. 128 f.:* Handbuch, Bde. 2/7, Köln: Aulis 1992, 66/1998, 111; *S. 111 Karte:* L.P. Pedigo. Entomology and pest management. Prentice Hall 1989, 17; *Mücken:* F. Zumpt. Insekten als Krankheitserreger und Krankheitsüberträger. Kosmos Franckh 1956, 26; *S. 117 Randspalte:* E. Reitter. Fauna Germanica Käfer. Bd. III. K.G. Lutz, Stuttgart 1911, 100; *S. 118 Sonnenkollektoren:* N. Winding. Hochgebirge. Hochalpenstraße Salzburg, 19, *S. 118 f. Wärmeregulation:* K. Hoffmann. Biologie in unserer Zeit 1, 1978, 17 ff.; *S. 123:* N. Tinbergen. Tierbeobachtungen. Parey, Hamburg 1967, 97; *S. 127:* J.L. Feder u. a. Evolution 44 (3), 571; *S. 130:* E. Haeckel. Kunstformen der Natur. Tafel 58. Bibliographisches Institut, Leipzig/Wien 1904 ; *S. 137:* Gärten zum Leben und Lernen (Kallmeyer, Seelze) 2/97, 20, 36

Fotos: Verfasser, außer *S. 22 Beobachtungsgläschen:* Wilfried Baalmann, Schneverdingen; *S. 24 Prachtkäfer, S. 40 Sandwespe, Goldwespe, Hornisse, S. 41 Holzwespe, S. 121 Buntkäfer, S. 125 Hornissenschwärmer:* Volker Haeseler, Oldenburg; *S. 31:* UB 92, 28: Rainer Ehrnsberger, Vechta; *S. 44 Hummelschweber:* Anne Meyhöfer, Hannover; *S. 53 Paarungsrad:* Bettina Kurz, Oldenburg; *S. 65 Schwalbenschwanz-Falter, S. 139:* Ferdinand Rüther, St. Augustin; *S. 87:* Brehms Tierleben 4. Aufl., Bd. 2. Bibliographisches Institut, Leipzig/Wien 1915, 492; *S. 100 Florfliegen-Eier:* Erich Schulze, Osterode; *Larve:* Christoph Koop; *S. 101 Siebenpunkt:* Nature 388 (7) (John E. Losey u. a.); *S. 115:* UB 249, 28: Brigitte Bujok/Marco Kleinhenz, Würzburg

Stichwortverzeichnis

Aas 104
Aaskäfer 71, 104
Ameisen 9, 90 f., 136
Artaufspaltung 127
Artbegriff 20, 112, 116, 126
Arterhaltung 55
Artumwandlung 128
Asseln 18
Augentäuschung 122, 125
Baerends, G. P. 38
Bärenspinner 59, 65, 121
Bauchsammlerin 32
Baumstümpfe 70
Bauplan 18
Beinsammlerin 32
Bestäubung 15, 16, 34
Bestimmungstabellen 26f., 33, 43, 47, 50f., 58f., 66, 70f., 75, 78, 82f.
Bienen 30-37, 107, 115, 142
Bienenpflanzen 35
Biotopschutz 138
Blatthornkäfer 84
Blattkäfer 20, 85
Blattläuse 26, 100–103
Blattwespen 13, 21, 29, 41, 72
Bläulinge 58, 61
Blest, A. D. 122
Blütenfarben 15, 34
Blütenpflanzen 15, 16
Bockkäfer 21, 68, 70 ff., 108 f., 143
Borkenkäfer 70 f., 98
Brennnesseln 72–75
Brutfürsorge 87, 107
Brutpflege 38, 106
Buntkäfer 71, 121
Chinery, Michael 23
Comenius, Johann Amos 134
Darwin, Charles 98, 117, 127
Deckelnahtfliegen 46
Dickkopffalter 57, 58
Disteln 68
Doldenblütler 21, 28
Duftspuren 91
Duftwahl 35
Dung 105
Eigennutz, genetischer 55, 107
Eintagsfliegen 26, 45, 51, 99
Elfen, Gaukler, Ritter 25–27
Entwicklung 64 f., 67, 80 f., 100, 102, 112
Eulenfalter 16, 59, 68, 75, 97, 120, 125
Evolution 10-16, 126-129
Exhaustor 23
Faltenwespen 43
Fangmaske 55
Farben 56, 62
Farbwahl 15, 34, 103
Feldentomologie 22
Feldheuschrecken 93
Fliegen 12, 44–47, 70 f.
Florfliegen 45, 100
Fluchtverhalten 95
Flügellose 19, 25
Fransenflügler 47
Gallmücken 101
Gewässer 48 f.
Gewitterfliegen 47
Glanzkäfer 85
Glanzwespen 41
Glasflügler 59, 125
Gliederfüßler 18
Gnitzen 46, 71
Grabwespen 40, 88

Großlibellen 26, 52
Grillen 92
Haarmücken 44
Haustiere 30, 133
Hautflügler 26, 36, 38 ff.
Heuschrecken 27, 92–95
Holzwespen 41, 135
Honig 30, 133
Hören 94
Hummeln 33, 98, 107, 119
Hundertfüßler 18
Jahreszeiten 112–117
Jungfernzeugung 102
Käfer 27, 76-87
Karmin 133
Kartei 22
Kenngruppen 25
Keulhornwespen 41
Kleinlibellen 26, 53
Kleinschmetterlinge 60
Köcherfliegen 27, 45, 51
Koevolution 15
Konkurrenz 55, 104
Körbchensammlerin 31, 32
Körpertäuschung 125
Krabbenspinnen 17
Kratzdisteln 68
Krebse 18
Kuckuckshummeln 33, 37
Kuckucksspeichel 96
Kurzdeckenkäfer 88, 105
Kurzfühlerschrecken 93
Kurzhörner-Fliegen 46
Landschaftsgestaltung 138
Langhornmotten 60
Larven, landlebend 70 f., 80 f.
Larven, wasserlebend 51
Laubheuschrecken 92
Laufen 11
Laufkäfer 70 f., 88 f., 142
Läuse 126
Lecksaugrüssel 31, 36
Lesser, Friedrich Christian 24, 134
Libellen 52–55
Linné, Carl von 53, 64, 112, 135
Maden 46, 81
Malaria 111
Marienkäfer 85, 100
Merian, Maria Sybilla 63
Mimikry 122–125
Minierer 86
Mostler, Gerhard 124
Mücken 44, 46, 48, 51, 110
Mundwerkzeuge 46, 62, 79
Nachtfalter 59, 109, 143
Naturschutz 138
Nisthilfen 137
Nützlinge 101, 133
Ökologie 98
ökologische Nische 98
Ohrwürmer 27, 101
Pigmentfarben 56
Prachtkäfer 24
Präparieren 23
Puppen 63
Radnetzspinnen 17
Raubfliegen 44, 71
Raupen 64, 75
Raupenfliegen 134
Röhrenläuse 74
Rüsselkäfer 72, 76, 87
Sandlaufkäfer 89, 142

Saugrüssel 36f., 62
Schaben 27, 88
Schädlinge 100, 132
Schildläuse 74, 133
Schlammfliegen 45, 51
Schlupfwespen 4, 40, 101, 103, 135
Schmeißfliegen 21, 44, 46, 104
Schmetterlinge 27, 56-65, 118, 138, 142
Schmetterlingspflanzen 62
Schnabelfliegen 26, 45, 73, 114
Schnabelkerfe 15, s. Blattläuse, Wanzen, Zikaden
Schnaken 70, 44, 114
Schneeinsekten 114
Schnellkäfer 70, 86, 88
Schnepfenfliegen 70, 73
Schreckreaktion 122
Schuppen 62
Schwärmer 59, 119, 143
Schwärzlinge 128
Schwebfliegen 33, 36, 44, 70, 100, 118, 124
Schwimmkäfer 49-51
Seide 133
Selektion 117, 128
Spanner 59, 65, 109, 128
Spinnen 17–19
Spinnentiere 18
Spinner 59, 109
Springspinnen 17
Springschwänze 19, 70, 114
Stachel 110
Stechsaugrüssel 46, 79, 110
Steinfliegen 26, 45, 51
Stridulieren 92
Strukturfarben 56, 62
Systematik 25
Tagfalter 56–59, 118, 120, 138, 142
Tarnung 97, 120
Tausendfüßler 18
Tinbergen, Niko 122
Tracheen 10
Tupfsaugrüssel 36, 46
Überwinterung 114
Urinsekten 10, 19
Urmotten 60
Verwandlung 64 f., 80 f., 99, 100
Walsh, Benjamin 127
Wanzen 27, 76–80
Wärmeregulation 94, 115, 118
Warnfarben 121, 124
Wasserkäfer 50, 105
Wasserläufer 48, 50
Wasserwanzen 49, 50
Weichkäfer 28, 76
Weichwanzen 72, 77
Weiße Fliegen 47, 103
Wespen 29, 38–41
Wespentäuschung 124
Widderchen 12, 59, 121, 142
Wildbienen 32, 34, 36, 107, 142
Zahnspinner 59
Zikaden 27, 93, 96
Zweiflügler 26, s. Fliegen, Mücken